上海市建筑标准设计

轨道交通兼顾设防工程防护设备选用图集

DBJT 08—136—2022
图集号：2022 沪 J615

同济大学出版社

2023　上海

图书在版编目（CIP）数据

轨道交通兼顾设防工程防护设备选用图集/上海市地下空间设计研究总院有限公司，上海市民防科学研究所主编. -- 上海：同济大学出版社，2023.4
　　ISBN 978-7-5765-0814-7

　　Ⅰ.①轨… Ⅱ.①上…②上… Ⅲ.①城市铁路—轨道交通—空防工程—安全设备—图集 Ⅳ.① U239.5-64 ② TU927-64

中国国家版本馆 CIP 数据核字（2023）第 061485 号

轨道交通兼顾设防工程防护设备选用图集

上海市地下空间设计研究总院有限公司　主编
上海市民防科学研究所

责任编辑	朱　勇
责任校对	徐春莲
封面设计	陈益平
出版发行	同济大学出版社　www.tongjipress.com.cn
	（地址：上海市四平路 1239 号　邮编：200092　电话：021-65985622）
经　　销	全国各地新华书店
印　　刷	浦江求真印务有限公司
开　　本	787mm×1092mm　1/16
印　　张	5
字　　数	125 000
版　　次	2023 年 4 月第 1 版
印　　次	2023 年 4 月第 1 次印刷
书　　号	ISBN 978-7-5765-0814-7
定　　价	50.00 元

本书若有印装质量问题，请向本社发行部调换　　版权所有　侵权必究

上海市住房和城乡建设管理委员会文件

沪建标定〔2022〕80号

上海市住房和城乡建设管理委员会关于批准《轨道交通兼顾设防工程防护设备选用图集》为上海市建筑标准设计的通知

各有关单位：

由上海市地下空间设计研究总院有限公司和上海市民防科学研究所主编的《轨道交通兼顾设防工程防护设备选用图集》，经我委审核，现批准为上海市建筑标准设计，统一编号为 DBJT 08—136—2022，图集号为 2022 沪 J615，自 2022 年 6 月 1 日起实施。

本标准设计由上海市住房和城乡建设管理委员会负责管理，上海市地下空间设计研究总院有限公司负责解释。特此通知。

上海市住房和城乡建设管理委员会

二〇二二年一月二十八日

前 言

根据上海市住房和城乡建设管理委员会《关于印发〈2020年上海市工程建设规范、建筑标准设计编制计划〉的通知》（沪建标定〔2019〕752号）的要求，编制组在深入调研、认真总结实践经验并参考国内先进标准和广泛征求意见的基础上，编制了本图集。

本图集的主要内容有：编制说明；钢纤维混凝土系列防护设备；钢结构系列防护设备。

各单位及相关人员在执行本图集过程中，如有意见和建议，请反馈至上海市民防办公室(地址：上海市复兴中路593号；邮编：200020；E-mail：shmfkys@163.com)、上海市地下空间设计研究总院有限公司(地址：上海市高科西路1107号；邮编：200125；E-mail：suadi@suadi.com.cn)、上海市民防科学研究所(地址：上海市复兴中路593号14楼；邮编：200020；E-mail：shmfkys@163.com)，或上海市建筑建材业市场管理总站(地址：上海市小木桥路683号；邮编：200032；E-mail:shgcbz@163.com)，以供今后修订时参考。

主 编 单 位： 上海市地下空间设计研究总院有限公司
　　　　　　　上海市民防科学研究所
参 编 单 位： 上海地空防护设备有限公司
　　　　　　　江苏坚威防护工程科技有限公司
主要起草人： 王　挥　高福桂　王秀志　赵　唯　殷　炯　陈海霞　胡鹏飞　乐志伟　段吉祥
　　　　　　　颜　文　刘　权　徐　杨　张效晗　邹　玲　石　磊
主要审查人： 刘洪波　吴　昊　杜一鸣　吴国忠　张　贺　毛士荣　楼胜俊

上海市建筑建材业市场管理总站

轨道交通兼顾设防工程防护设备选用图集

批准部门：上海市住房和城乡建设管理委员会	批准文号：沪建标定〔2022〕80号
主管部门：上海市民防办公室	统一编号：DBJT 08-136-2022
主编单位：上海市地下空间设计研究总院有限公司 上海市民防科学研究所	图 集 号：2022沪J615
参编单位：上海地空防护设备有限公司 江苏坚威防护工程科技有限公司	施行日期：2022年6月1日

主编单位负责人：
主编单位技术负责人：
技术审定人：
设计负责人：

目 录

编制说明 ······ 03

第一篇 钢纤维混凝土系列防护设备

第一部分 无门槛防护密闭门与密闭门
- 钢纤维混凝土无门槛单扇防护密闭门 ······ 15
- 钢纤维混凝土无门槛单扇密闭门 ······ 16
- 钢纤维混凝土无门槛双扇防护密闭门 ······ 17
- 钢纤维混凝土无门槛双扇密闭门 ······ 18

第二部分 活门槛防护密闭门与密闭门
- 钢纤维混凝土活门槛单扇防护密闭门 ······ 20
- 钢纤维混凝土活门槛单扇密闭门 ······ 21
- 钢纤维混凝土活门槛双扇防护密闭门 ······ 22
- 钢纤维混凝土活门槛双扇密闭门 ······ 23

第三部分 固定门槛防护密闭门与密闭门
- 钢纤维混凝土固定门槛单扇防护密闭门 ······ 25
- 钢纤维混凝土固定门槛单扇密闭门 ······ 26
- 钢纤维混凝土固定门槛双扇防护密闭门 ······ 27
- 钢纤维混凝土固定门槛双扇密闭门 ······ 28

第四部分 清洁式通风防护密闭门与密闭门
- 钢纤维混凝土清洁式通风单扇防护密闭门 ······ 30
- 钢纤维混凝土进（排）风机单扇密闭门 ······ 31
- 钢纤维混凝土清洁式通风双扇防护密闭门 ······ 32
- 钢纤维混凝土进（排）风机双扇密闭门 ······ 33

第五部分 区间防护密闭门与密闭门
- 钢纤维混凝土汇流排区间活门槛防护密闭隔断门 ······ 35
- 钢纤维混凝土汇流排区间活门槛防护密闭门 ······ 36
- 钢纤维混凝土汇流排区间活门槛密闭门 ······ 37
- 钢纤维混凝土区间防淹防护密闭隔断门 ······ 38

第六部分 双向受力防护密闭隔断门
- 钢纤维混凝土双向受力双扇防护密闭隔断门 ······ 40

第七部分 防护密闭封堵板
钢纤维混凝土临空墙防护密闭封堵板 ⋯⋯⋯⋯ 42
钢纤维混凝土双向受力防护密闭封堵板 ⋯⋯⋯⋯ 43

第二篇 钢结构系列防护设备

第一部分 无门槛防护密闭门与密闭门
出入口钢结构无门槛单扇防护密闭门 ⋯⋯⋯⋯ 47
出入口钢结构无门槛单扇密闭门 ⋯⋯⋯⋯ 48
出入口钢结构无门槛双扇防护密闭门 ⋯⋯⋯⋯ 49
出入口钢结构无门槛双扇密闭门 ⋯⋯⋯⋯ 50

第二部分 活门槛防护密闭门与密闭门
出入口钢结构活门槛单扇防护密闭门 ⋯⋯⋯⋯ 52
出入口钢结构活门槛单扇密闭门 ⋯⋯⋯⋯ 53
出入口钢结构活门槛双扇防护密闭门 ⋯⋯⋯⋯ 54
出入口钢结构活门槛双扇密闭门 ⋯⋯⋯⋯ 55

第三部分 固定门槛防护密闭门
风道钢结构固定门槛单扇防护密闭门 ⋯⋯⋯⋯ 57
风道钢结构固定门槛双扇防护密闭门 ⋯⋯⋯⋯ 58

第四部分 清洁式通风防护密闭门与密闭门
风道钢结构清洁式通风单扇防护密闭门 ⋯⋯⋯⋯ 60
风道钢结构进（排）风机单扇密闭门 ⋯⋯⋯⋯ 61
风道钢结构清洁式通风双扇防护密闭门 ⋯⋯⋯⋯ 62
风道钢结构进（排）风机双扇密闭门 ⋯⋯⋯⋯ 63

第五部分 区间防护密闭门与密闭门
区间钢结构双扇防护密闭隔断门 ⋯⋯⋯⋯ 65
区间出入段线钢结构双扇防护密闭门 ⋯⋯⋯⋯ 66
区间出入段线钢结构双扇密闭门 ⋯⋯⋯⋯ 67

第六部分 双向受力防护密闭隔断门
钢结构双向受力单扇防护密闭门 ⋯⋯⋯⋯ 69
钢结构双向受力双扇防护密闭门 ⋯⋯⋯⋯ 70

第七部分 防护密闭封堵板
垂直式防护密闭封堵板 ⋯⋯⋯⋯ 72
推拉垂直式防护密闭封堵板 ⋯⋯⋯⋯ 73
推拉水平式防护密闭封堵板 ⋯⋯⋯⋯ 75

编制说明

一、编制依据

《人民防空地下室设计规范》GB 50038—2005
《轨道交通工程人民防空设计规范》RFJ 02—2009
《防护工程防护设备和消波系统技术规范》GJB 3137—1997
《钢结构设计标准》GB 50017—2017
《混凝土结构设计规范》GB 50010—2010（2015年版）

二、适用范围

本图集适用于属于下列抗力级别范围内的城市轨道交通工程、地铁快线工程、市域快速轨道交通工程和市域铁路工程，以及地下空间兼顾人民防空需要的工程：

1. 防核武器抗力级别为5级和6级。
2. 防常规武器抗力级别为5级和6级。

三、设置要求

1. 人防工程口部的第一道防护密闭门不宜设置在受常规武器或其破片直接命中的部位。
2. 专供平时使用的孔口宜采用防护密闭门进行封堵。
3. 孔口防护设备的平战功能转换应在紧急转换时限（3天）内完成。
4. 有防化要求的人防工程，应设置防毒（密闭）通道，防毒（密闭）通道应设置防护密闭门和密闭门各一道或两道密闭门。
5. 无防化要求的人防工程，口部宜设置防护密闭门一道。
6. 具有人员掩蔽功能的人防工程，当扩散室检查门直接通向工程内清洁区时，应设置防护密闭门和密闭门各一道。
7. 区间隧道正线及出入段线人防分界处应设置区间防护密闭门与密闭门。
8. 下穿河流和湖泊等水域的地铁隧道工程，当水下隧道出现损坏，水体可能危及两端其他区段安全，需在隧道下穿水域的两端设置防淹门时，防淹门宜与区间人防门合设，选用防淹防护密闭隔断门。

四、图集内容

本图集分为两篇，分别为钢纤维混凝土系列防护设备和钢结构系列防护设备。

第一篇为钢纤维混凝土系列防护设备，共包含7个部分23种类型的防护设备，具体内容如下。

序号	防护设备类型
第一部分	无门槛防护密闭门与密闭门
1	钢纤维混凝土无门槛单扇防护密闭门
2	钢纤维混凝土无门槛单扇密闭门

图集号	2022沪J615
编制说明	页 03

序号	防护设备类型
3	钢纤维混凝土无门槛双扇防护密闭门
4	钢纤维混凝土无门槛双扇密闭门
第二部分	活门槛防护密闭门与密闭门
5	钢纤维混凝土活门槛单扇防护密闭门
6	钢纤维混凝土活门槛单扇密闭门
7	钢纤维混凝土活门槛双扇防护密闭门
8	钢纤维混凝土活门槛双扇密闭门
第三部分	固定门槛防护密闭门与密闭门
9	钢纤维混凝土固定门槛单扇防护密闭门
10	钢纤维混凝土固定门槛单扇密闭门
11	钢纤维混凝土固定门槛双扇防护密闭门
12	钢纤维混凝土固定门槛双扇密闭门
第四部分	清洁式通风防护密闭门与密闭门
13	钢纤维混凝土清洁式通风单扇防护密闭门
14	钢纤维混凝土进（排）风机单扇密闭门
15	钢纤维混凝土清洁式通风双扇防护密闭门
16	钢纤维混凝土进（排）风机双扇密闭门
第五部分	区间防护密闭门与密闭门
17	钢纤维混凝土汇流排区间活门槛防护密闭隔断门
18	钢纤维混凝土汇流排区间活门槛防护密闭门

序号	防护设备类型
19	钢纤维混凝土汇流排区间活门槛密闭门
20	钢纤维混凝土区间防淹防护密闭隔断门
第六部分	双向受力防护密闭隔断门
21	钢纤维混凝土双向受力双扇防护密闭隔断门
第七部分	防护密闭封堵板
22	钢纤维混凝土临空墙防护密闭封堵板
23	钢纤维混凝土双向受力防护密闭封堵板

第二篇为钢结构系列防护设备，共包含7个部分22种类型的防护设备，具体内容见如下。

序号	防护设备类型
第一部分	无门槛防护密闭门与密闭门
1	出入口钢结构无门槛单扇防护密闭门
2	出入口钢结构无门槛单扇密闭门
3	出入口钢结构无门槛双扇防护密闭门
4	出入口钢结构无门槛双扇密闭门
第二部分	活门槛防护密闭门与密闭门
5	出入口钢结构活门槛单扇防护密闭门
6	出入口钢结构活门槛单扇密闭门
7	出入口钢结构活门槛双扇防护密闭门

编制说明

图集号 2022沪J615
页 04

序号	防护设备类型
8	出入口钢结构活门槛双扇密闭门
第三部分	固定门槛防护密闭门
9	风道钢结构固定门槛单扇防护密闭门
10	风道钢结构固定门槛双扇防护密闭门
第四部分	清洁式通风防护密闭门与密闭门
11	风道钢结构清洁式通风单扇防护密闭门
12	风道钢结构进（排）风机单扇密闭门
13	风道钢结构清洁式通风双扇防护密闭门
14	风道钢结构进（排）风机双扇密闭门
第五部分	区间防护密闭门与密闭门
15	区间钢结构双扇防护密闭隔断门
16	区间出入段线钢结构双扇防护密闭门
17	区间出入段线钢结构双扇密闭门
第六部分	双向受力防护密闭隔断门
18	钢结构双向受力单扇防护密闭门
19	钢结构双向受力双扇防护密闭门
第七部分	防护密闭封堵板
20	垂直式防护密闭封堵板
21	推拉垂直式防护密闭封堵板
22	推拉水平式防护密闭封堵板

五、防护设备选用规定

1. 出入口、通风口用防护设备，其编号中"-12"表示防护设备上的设计压力值为0.12MPa，"-15"表示防护设备上设计压力值为0.15MPa，"-30"表示防护设备上设计压力值为0.30MPa。该设计压力值表示防护设备允许承受的冲击波超压设计值。

2. 换乘通道等防护单元间用双向受力防护设备，其编号中"-05"表示防护设备上设计压力值为0.05MPa，"-10"表示防护设备上设计压力值为0.10MPa。该设计压力值表示防护设备允许承受的等效静荷载设计值。

3. 当选用的防护设备无对应抗力级别的定型产品时，不得用两道或多道低抗力的防护设备代替，可选用较高一级抗力的产品。如当设计需选用设计压力值为0.10MPa的防护设备时，可选用设计压力值为0.15MPa的防护设备。

4. 应根据不同的人防工程类型、抗力级别、孔口尺寸以及设置位置，选用相应型号的防护设备，选用的防护设备设计压力值不应小于作用在防护设备上的冲击波超压设计值（双向受力防护设备设计压力值不应小于作用在防护设备上的等效静荷载设计值）。

5. 本图集所示的各类单扇防护设备未特别注明时，均默认为"右开"门（由外向里看，铰页位于右侧）；若需选用"左

编制说明

图集号 2022沪J615
页 05

开"门,除在图上注明开启方向外,还应在所选单扇防护设备型号后加注"左开"字样,如"SFM1220-15左开"。

6.防护设备的设计选用宜匹配人防工程主体结构设计使用年限。对于设计使用年限大于50年的人防工程,宜优先选用钢纤维(钢筋)混凝土防护设备;当孔口尺寸较大时,可选用钢结构防护设备,但应采取必要的防锈、防腐措施。

7.平时有人员通行需求的出入口,应设置无门槛或活门槛防护设备,不应设置有门槛的防护设备。条件允许时,宜优先选用无门槛防护设备,减少临战转换工作量。

8.区间防护设备宜设置在直线段,且宜向下坡方向开启;当向上坡方向开启时,其开启方向线路坡度不宜大于12‰。如遇特殊情况需设置在曲线段时,宜设置在缓和曲线段,且宜避开轨道超高值大于100mm和坡度大于12‰区段。

六、特点与编号

1.本图集第一篇所示的各类钢纤维混凝土系列防护设备特点是门扇采用了钢纤维混凝土材料,抗渗和耐腐蚀能力强,大部分防护设备门扇采用了钢纤维混凝土与钢板复合结构形式,生产加工方便,抗爆性能和耐久性好,能有效增加防护设备使用寿命,减少运维成本,较好地解决了防护设备使用年限与人防工程(尤其是轨道交通工程)结构使用年限的匹配问题。

(1)无门槛防护密闭门与密闭门

此类防护设备的特点是平时地面平整、无门槛,便于人员通行,战时快速操作密封梁翻转、升降机构,以满足防护、密闭要求。此类防护设备临战转换快速,工作量小。

编号示例:

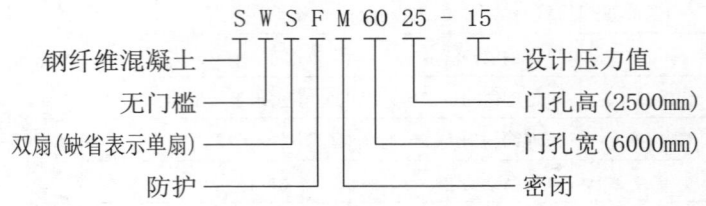

(2)活门槛防护密闭门与密闭门

此类防护设备的特点是平时地面平整、不设门槛,便于人员通行,战时快速设置门槛,以满足防护、密闭要求。

编号示例:

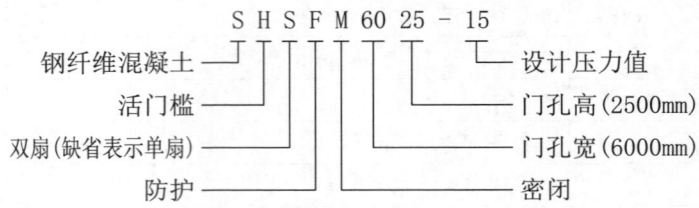

（3）固定门槛防护密闭门与密闭门

此类防护设备的特点是平时具有固定门槛，密闭措施采用嵌压梯形海绵胶条密封形式，密闭性能可靠，使用、维护方便。

编号示例：

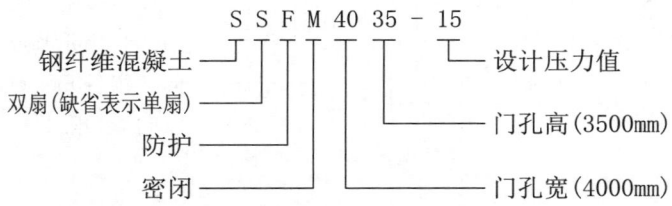

（4）清洁式通风防护密闭门与密闭门

清洁式通风防护密闭门的特点是门上带有防爆波活门、密闭小门等设备，战时关闭门扇，具有防护、密闭、消波及通风等功能，可节省土建空间，平战转换快捷。

编号示例：

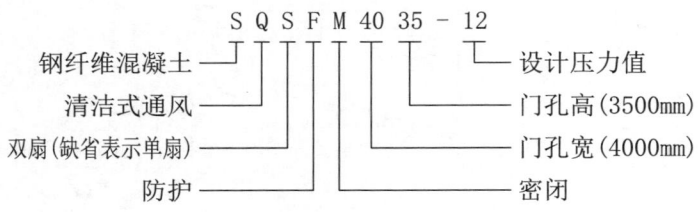

清洁式通风密闭门的特点是门上带有滤尘器、进（排）风机等设备，战时关闭门扇，具有密闭、滤尘及清洁式通风等功能，可节省土建空间，平战转换快捷。

编号示例：

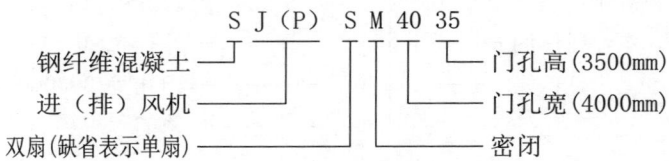

（5）区间防护密闭门与密闭门

此类防护设备的特点是位于区间隧道，战时可在不拆除接触网的情况下快速关门，手动立转操作，平战转换快捷。

区间隔断门可设置在单元间隔墙上，可双向受力、双向密闭。

编号示例：

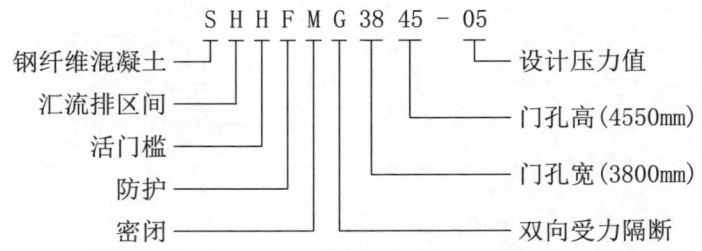

图集号	2022沪J615
编制说明	页 07

区间防护密闭门与密闭门可设置在区间出入段线、隧道洞口，形成密闭通道。

编号示例：

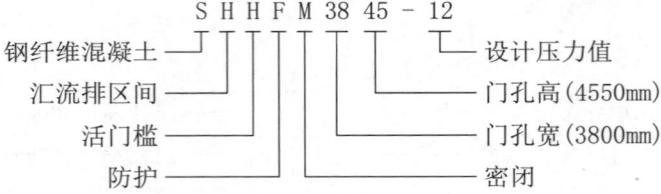

区间防淹防护密闭隔断门兼顾防淹、防护功能于一体，可双向受力，允许承受的人防等效静荷载设计值0.05MPa，采用电动降落式，自动化程度高，安全可靠，可承受不同水头的静水压力，可在有水流情况下紧急关门。

编号示例：

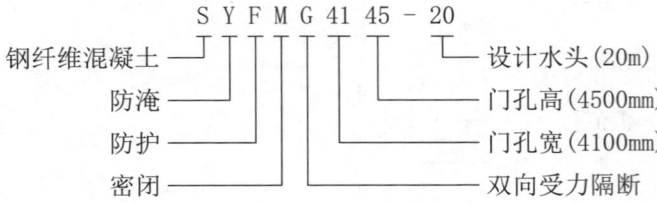

（6）双向受力防护密闭隔断门

此类防护设备可设置在防护单元间隔墙上，其特点是地面平整、无门槛，可双向受力、双向密闭，战时快速操作密封梁翻转、升降机构，以满足防护、密闭要求。

编号示例：

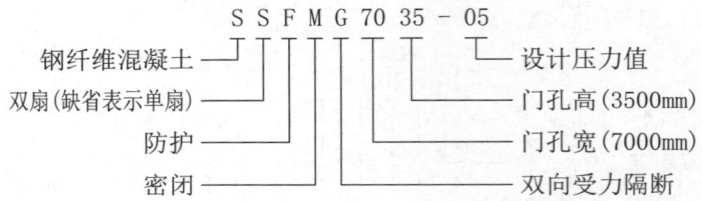

（7）防护密闭封堵板

此类防护设备可用于封堵平时使用、战时不用的孔口。其特点是平时可以不安装封堵板（但要加工好放在附近的指定位置），战时根据事先设定的转换时限将封堵板进行快速安装，以满足防护、密闭要求。

根据其设置位置不同，可分为临空墙防护密闭封堵板和单元间双向受力防护密闭封堵板。

编号示例：

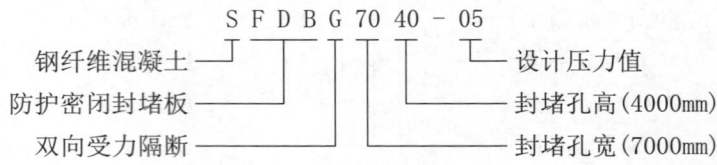

	图集号	2022沪J615
编制说明	页	08

2.本图集第二篇所示的各类钢结构系列防护设备是国内首套适用于国铁制式高速轨道交通的系列防护设备,其各类防护设备门孔尺寸较大,既可用于地铁制式的城市轨道交通工程,也可用于国铁制式的市域铁路工程。钢结构防护设备采用成熟的钢结构、机械结构形式,安全可靠,生产加工方便。

其中,适用于区间隧道的防护设备可适用于刚性接触网和柔性接触网两种形式的区间隧道,战时可在不拆除接触网的情况下快速关闭门扇,实施平战转换。

(1)无门槛防护密闭门与密闭门

此类防护设备的特点是平时地面平整、无门槛,便于人员通行,战时快速操作升降机构,使门扇升降、立转及平移,以满足防护、密闭要求。此类防护设备临战转换快速,工作量小。

编号示例:

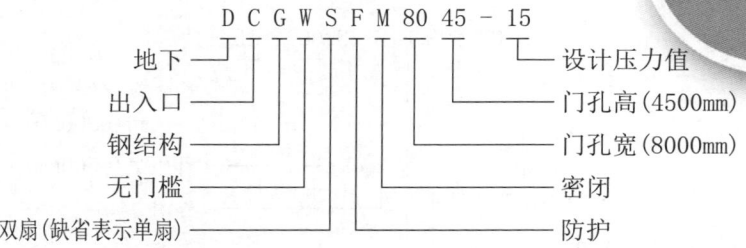

(2)活门槛防护密闭门与密闭门

此类防护设备的特点是平时地面平整、不设门槛,便于人员通行,战时快速设置门槛,以满足防护、密闭要求。

编号示例:

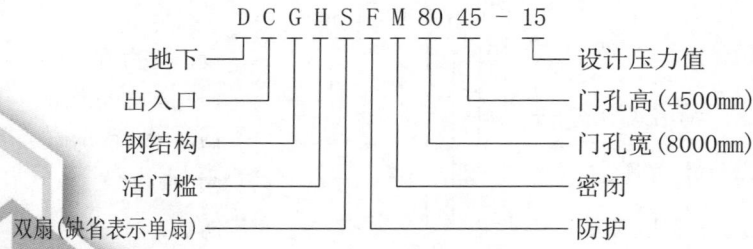

(3)固定门槛防护密闭门

此类防护设备的特点是平时具有固定门槛,密闭措施采用承压海绵胶条密封形式,密闭性能可靠,使用、维护方便。

编号示例:

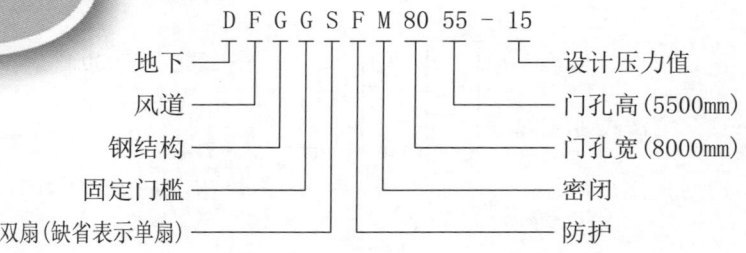

编制说明

(4) 清洁式通风防护密闭门与密闭门

清洁式通风防护密闭门的特点是具有防护、密闭、消波及通风等功能，消波率高，可节省土建空间，平战转换快捷。

编号示例：

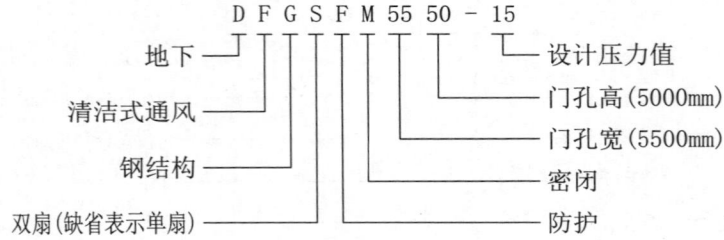

清洁式通风密闭门的特点是门上带有进（排）风机等设备，具有进排风及密闭功能，可节省土建空间，平战转换快捷。

编号示例：

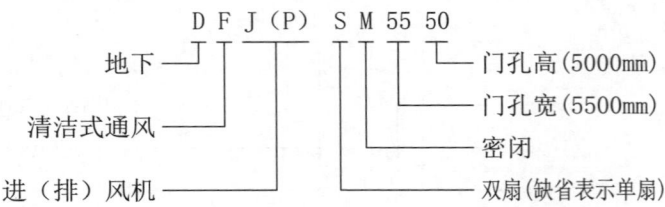

(5) 区间防护密闭门与密闭门

此类防护设备的特点是位于区间隧道，战时可在不拆除接触网的情况下快速关门，手动立转操作，平战转换快捷。

区间防护密闭隔断门可设置在单元间隔墙上，可双向受力、双向密闭。

编号示例：

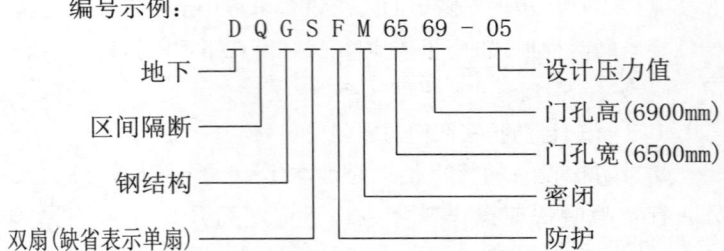

区间出入段线防护密闭门与密闭门可设置在区间出入段线、隧道洞口，形成密闭通道。

编号示例：

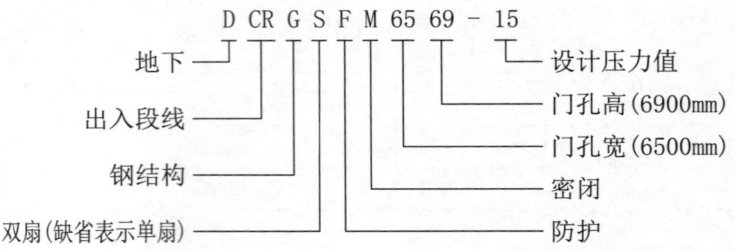

编制说明

图集号 2022沪J615

页 10

(6) 双向受力防护密闭隔断门

此类防护设备可设置在防护单元间隔墙上，其特点是地面平整、无门槛，可双向受力、双向密闭，平战转换快捷。

编号示例：

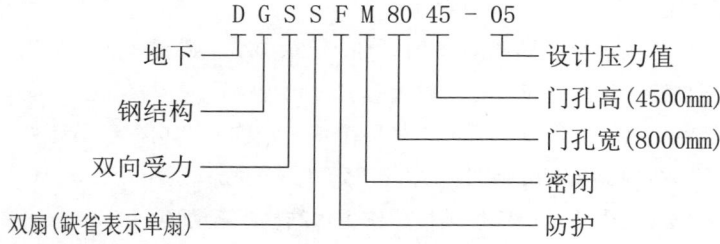

(7) 防护密闭封堵板

此类防护设备可用于封堵平时使用、战时不用的孔口。其中垂直式防护密闭封堵板特点是平时可以不安装封堵板（但要加工好放在附近的指定位置），战时根据事先设定的转换时限将封堵板进行快速安装，以满足防护、密闭要求。

垂直式防护密闭封堵板编号示例：

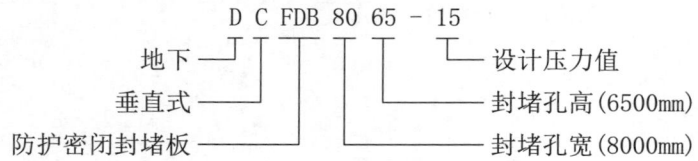

推拉垂直式双向受力防护密闭封堵板、推拉垂直式防护密闭封堵板和推拉水平式防护密闭封堵板特点是平时可藏于临近的藏门空间内，战时可一键式转换，平战转换快捷。

推拉垂直式双向受力防护密闭封堵板编号示例：

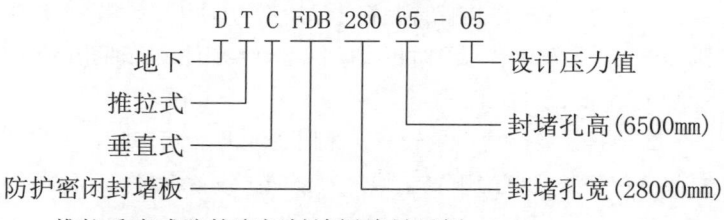

推拉垂直式防护密闭封堵板编号示例：

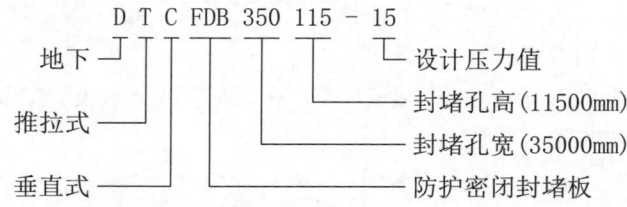

推拉水平式防护密闭封堵板编号示例：

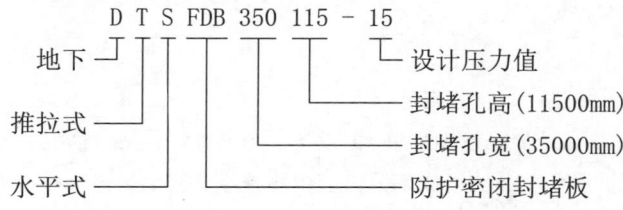

编制说明

七、防护设备的维护、保养要求

1. 门扇、门框、闭锁、铰页及其他所有零部件应齐全并完好无损，所有金属件面漆完整、无锈斑。门扇与门框应贴合良好，门扇启闭灵活。防护设备交付使用后，每年应至少进行一次全面维护、保养。密封条应保持完好并涂滑石粉保护，密封条使用年限为五年，发现老化应及时更换。各运动零部件及加油孔每年应至少进行一次涂油及注油。

2. 防护设备门扇质量较重，平时处于开启状态时，单扇防护设备门扇外悬侧应下置垫块，双扇防护设备应将千斤顶装置支撑到位，以固定门扇。

3. 无门槛防护设备位于地坪上的锁孔平时应加盖盖板，锁孔内做好维护、保养。

4. 活门槛防护设备的门槛平时应按规定放置于支架上，做好维护、保养。

5. 区间防护设备门扇平时开启角度应大于等于90°，且应固定牢靠，安全锁定装置应纳入环境与设备监控系统，并宜具有报警功能。

八、生产、安装与验收

1. 与土建配合的防护设备预埋件如门框等（含封堵框）是防护设备产品的组成部分，应由防护设备定点生产和安装企业进行加工及预埋。

2. 防护设备在运输和存放过程中要防止变形，注意成品保护。防护设备的生产、出厂检验、安装施工及竣工验收应符合《人防工程防护设备产品质量检验与施工验收标准》RFJ 01—2002的规定。

3. 预埋吊装防护设备用吊环应采用Q235B圆钢（严禁采用冷加工钢筋，并应进行防腐处理），预埋吊环应焊接在上层受力钢筋上。土建设计应考虑吊环吊重对结构的影响，当吊环直径分别为25mm和32mm时，其设计允许吊重应分别不小于5.0t和8.2t，土建设计单位须按此作主体结构承载力复核。

九、其他

1. 图中尺寸标注未注明的单位均以毫米计。

2. 本图集所含各系列防护设备均为国家人民防空办公室批准的鉴定书及其附件资料内的防护设备。

3. 工程需要但图集中未列出的防护设备应委托原设计单位进行非标设计。

4. 本图集由主编单位负责解释。

第一篇

钢纤维混凝土系列防护设备

第一部分

无门槛防护密闭门与密闭门

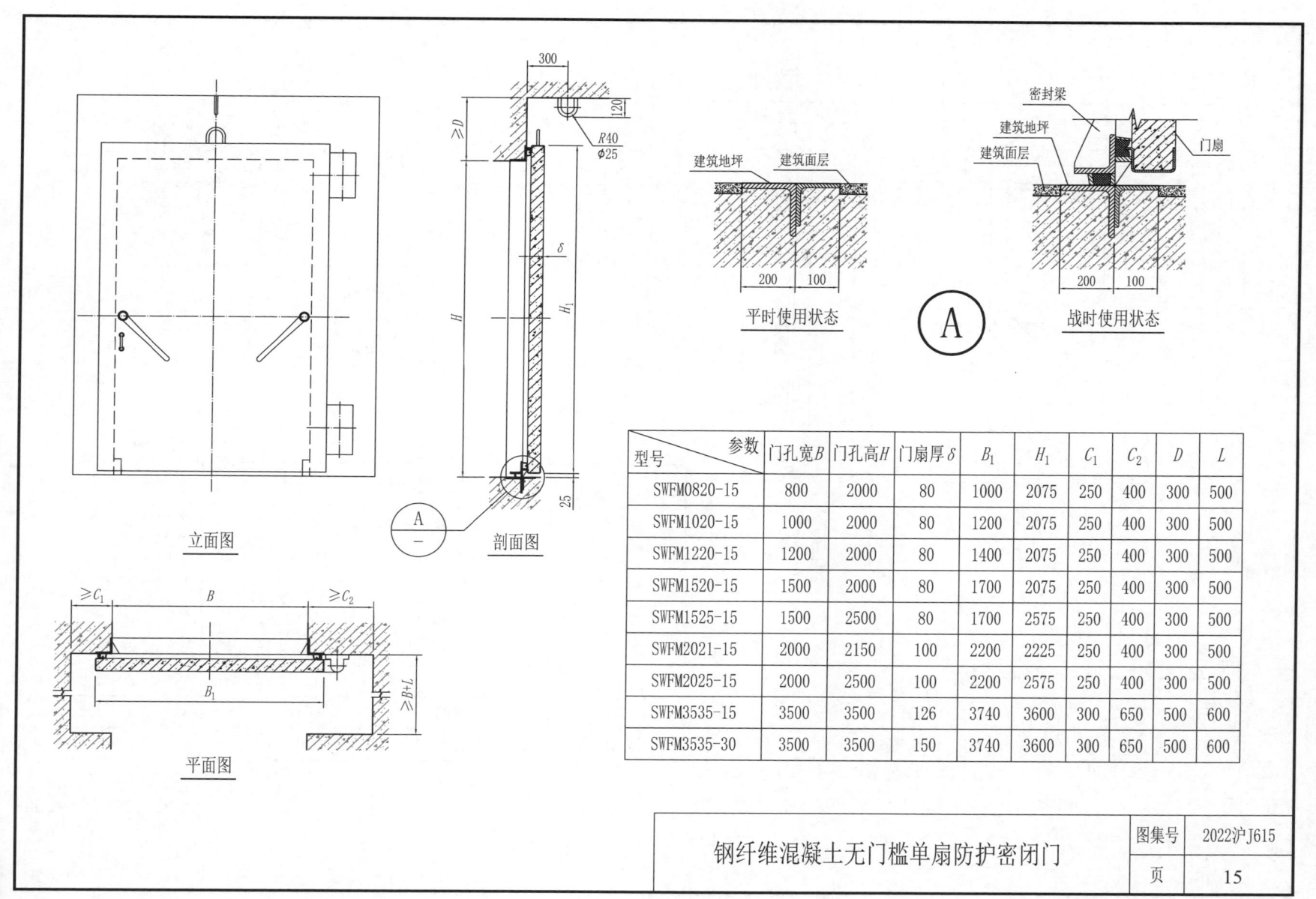

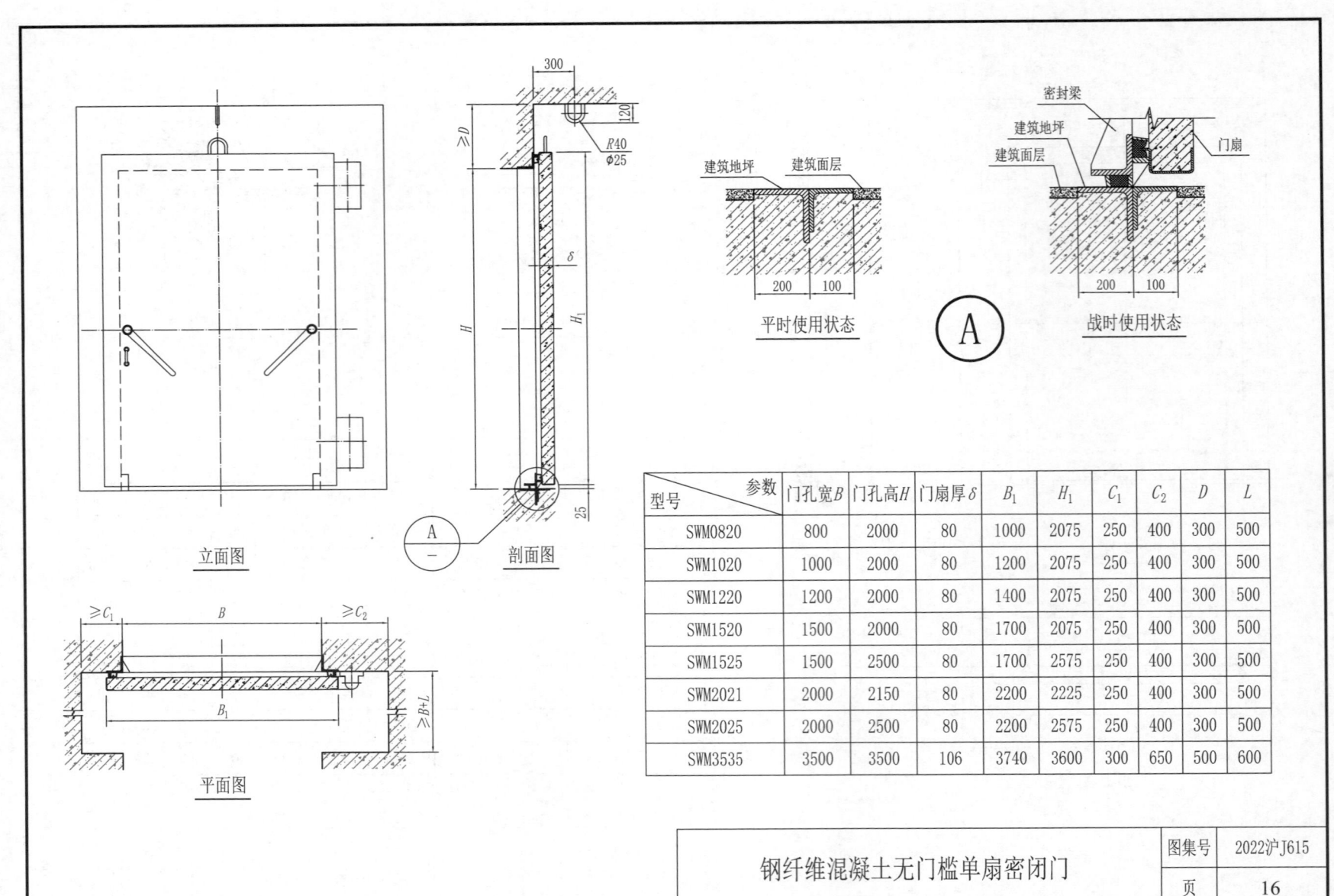

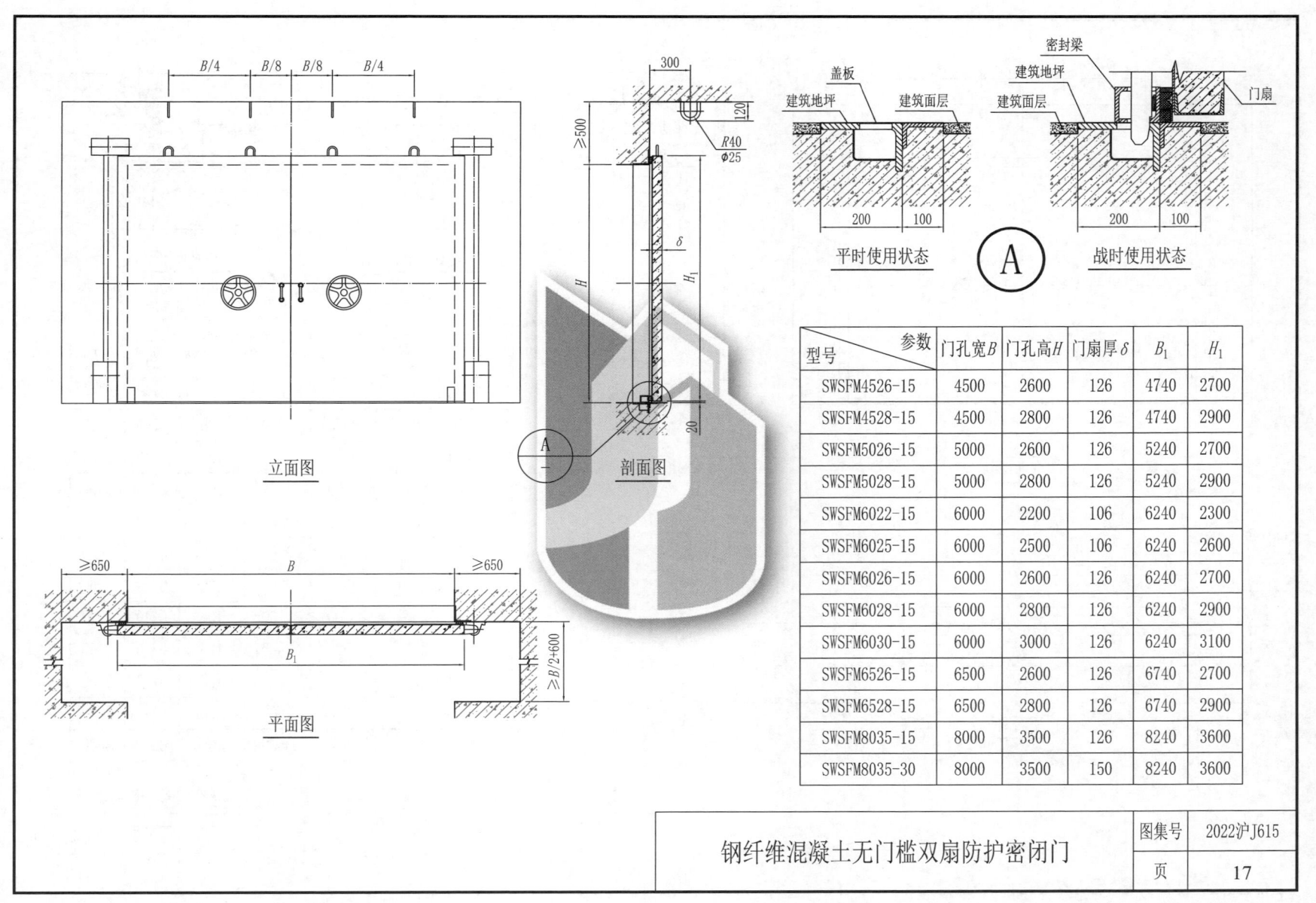

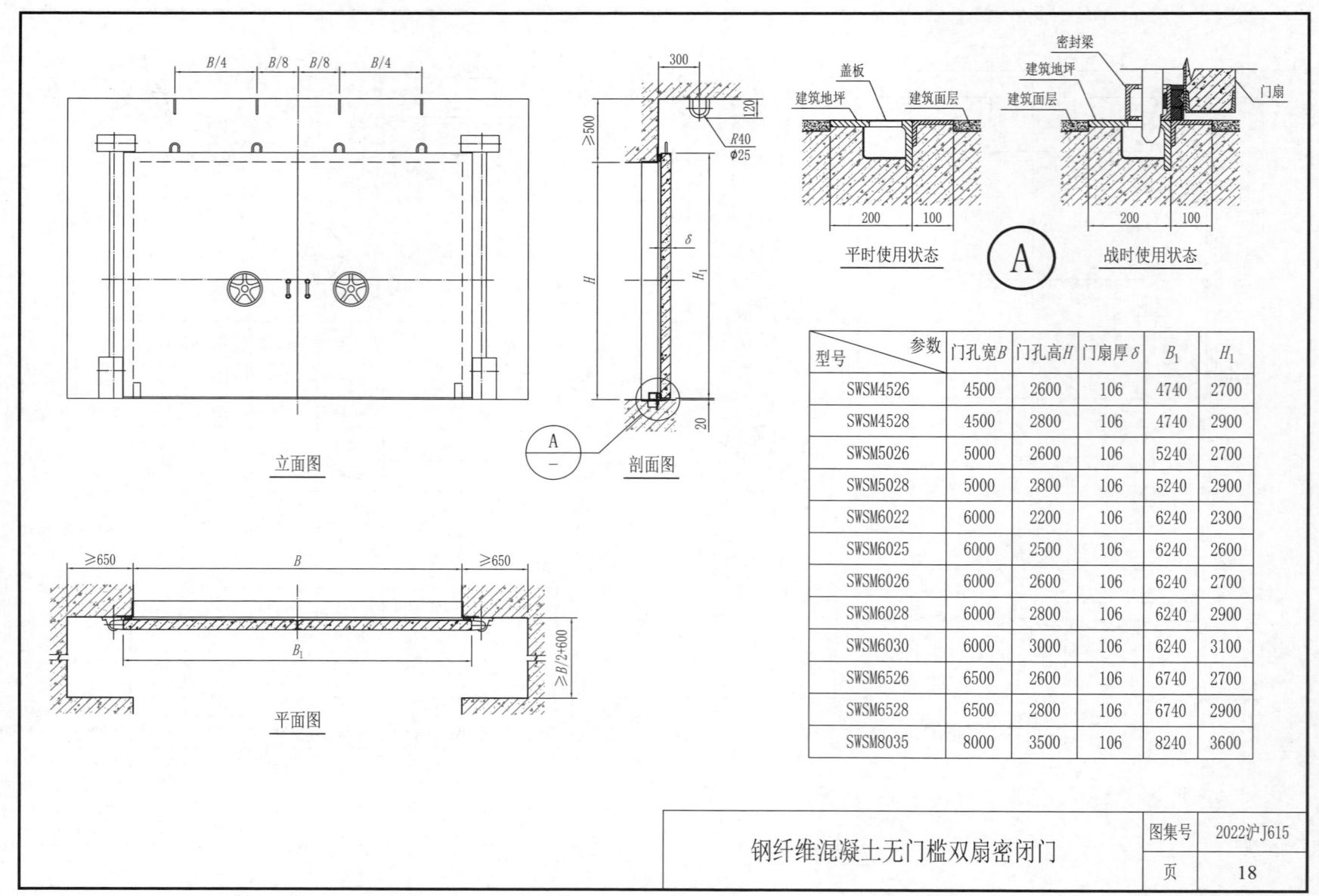

第二部分

活门槛防护密闭门与密闭门

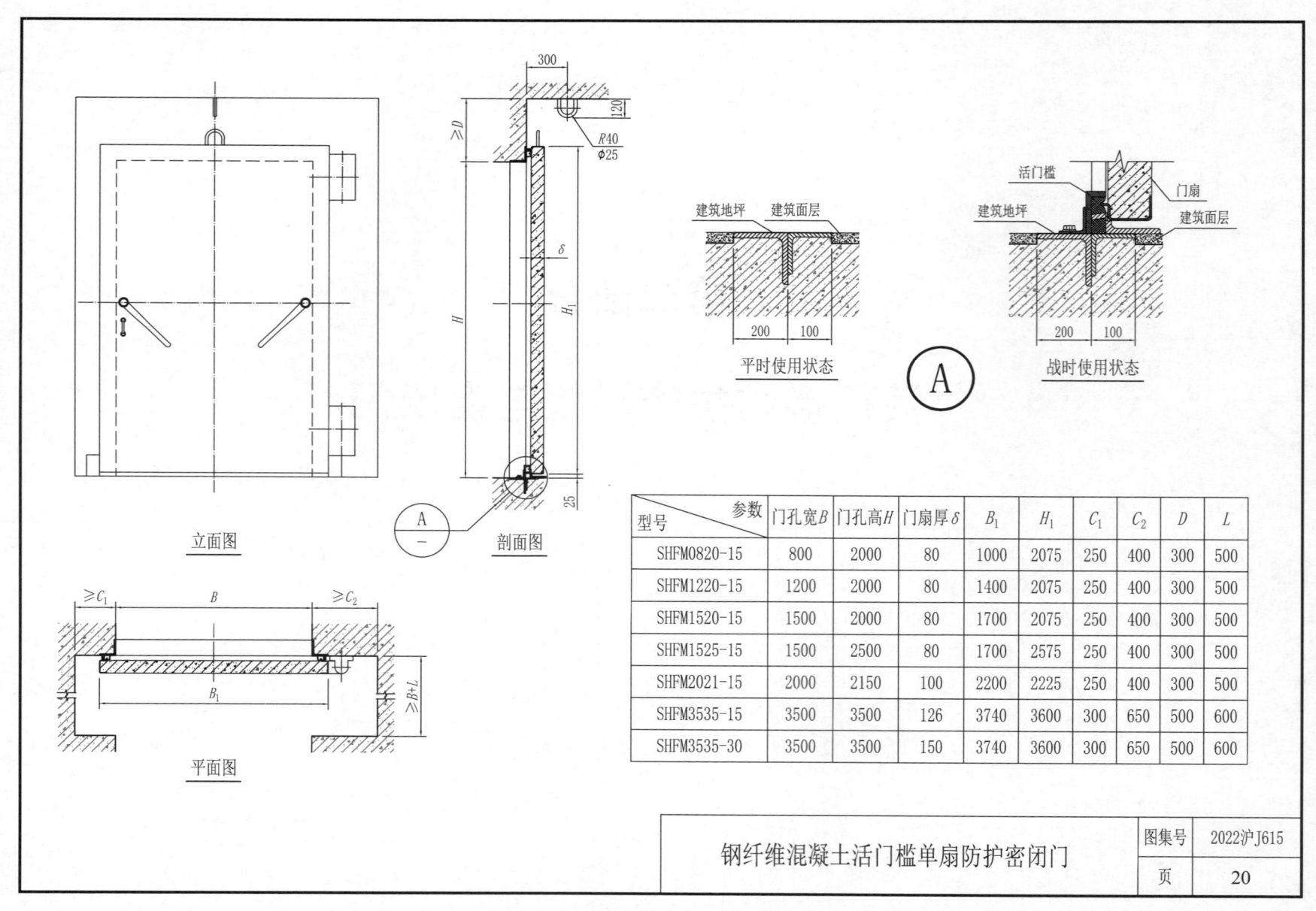

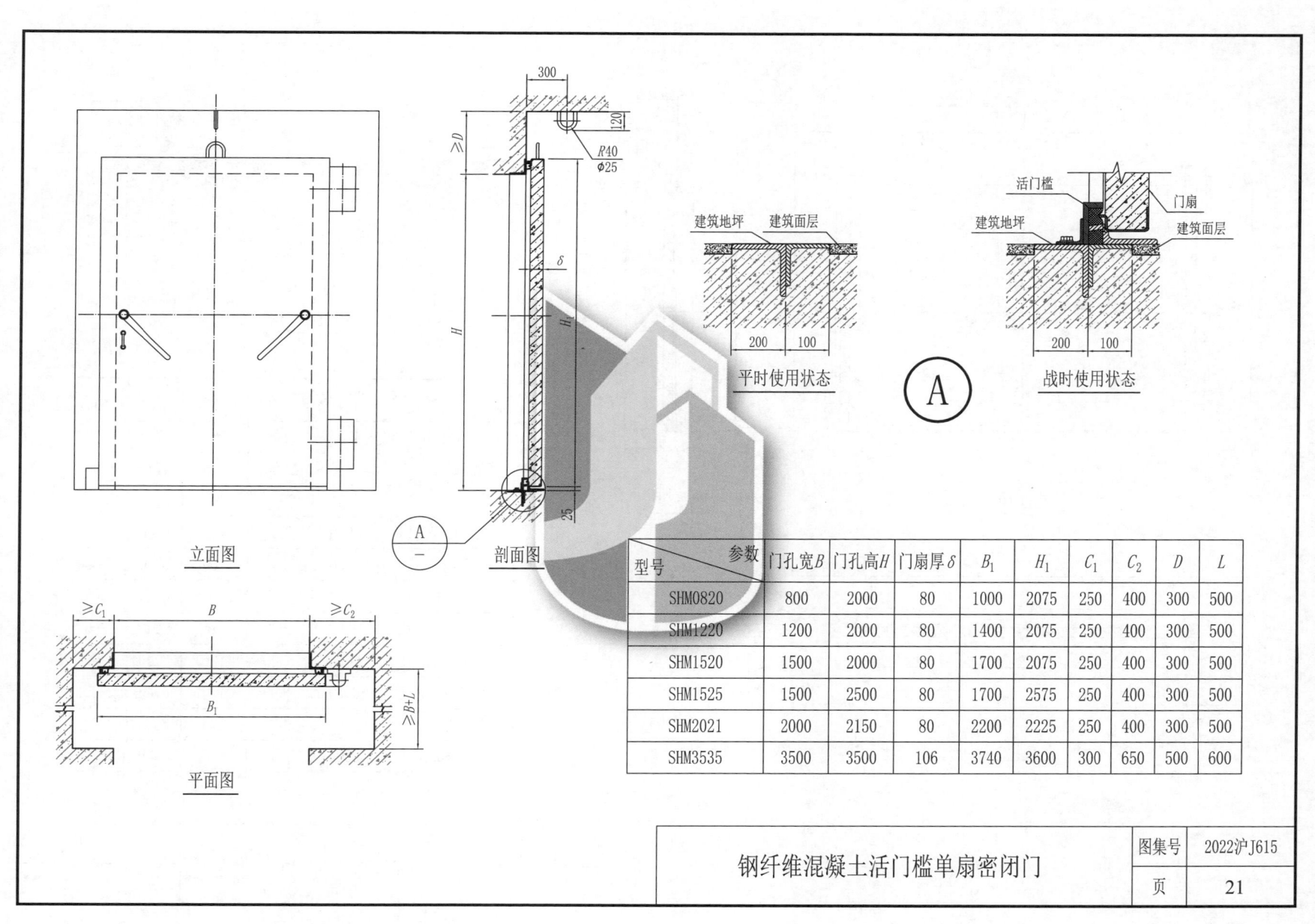

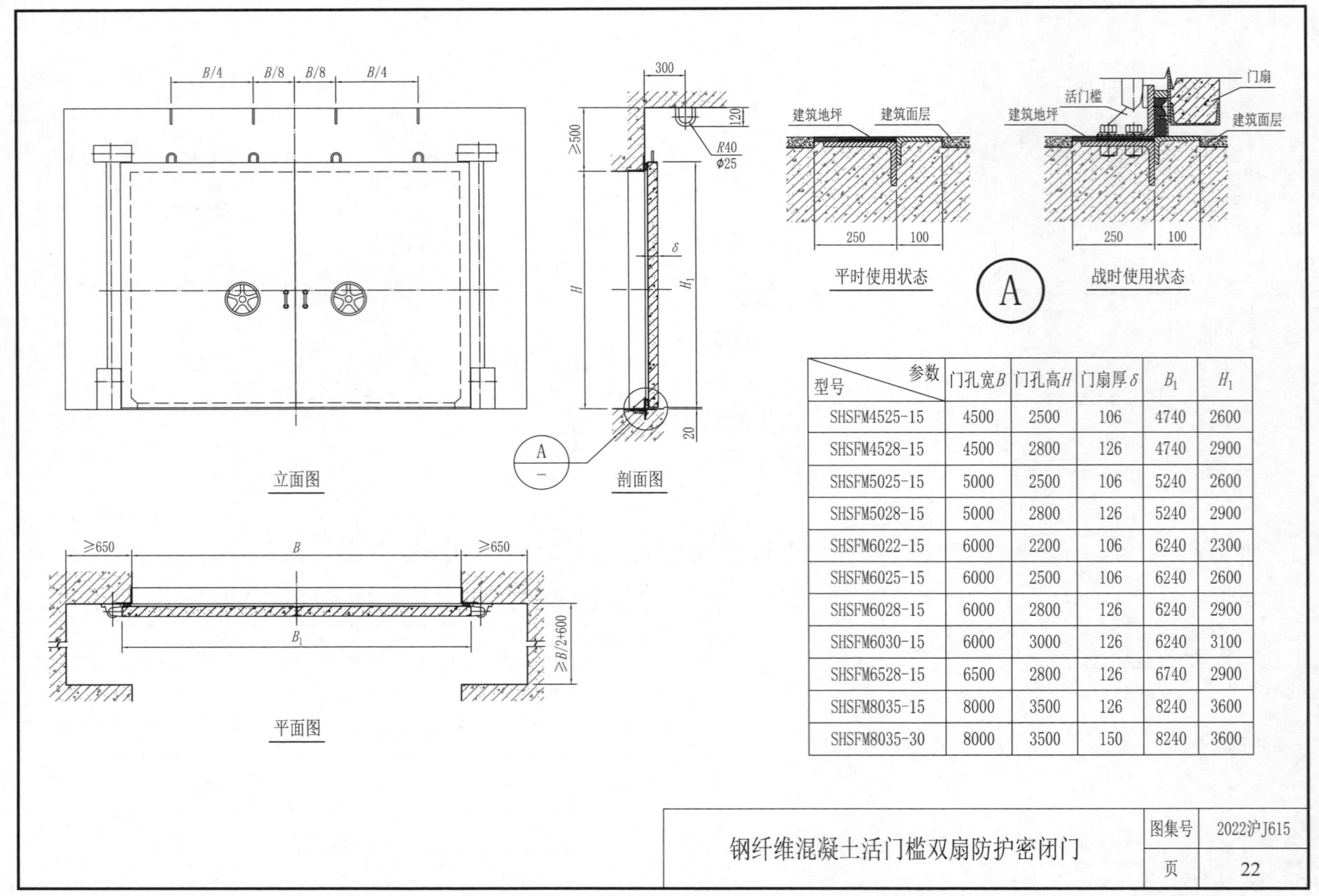

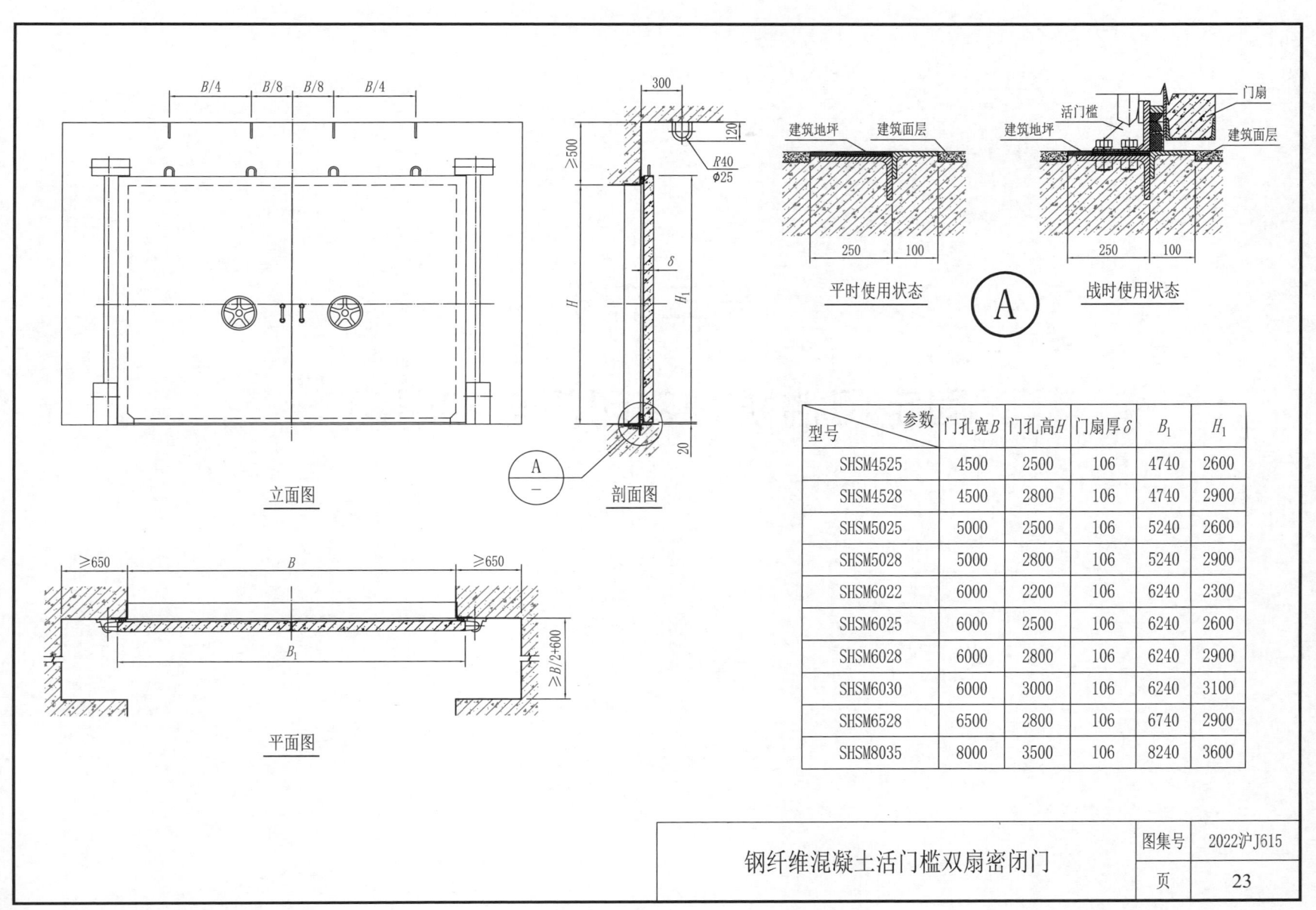

第三部分

固定门槛防护密闭门与密闭门

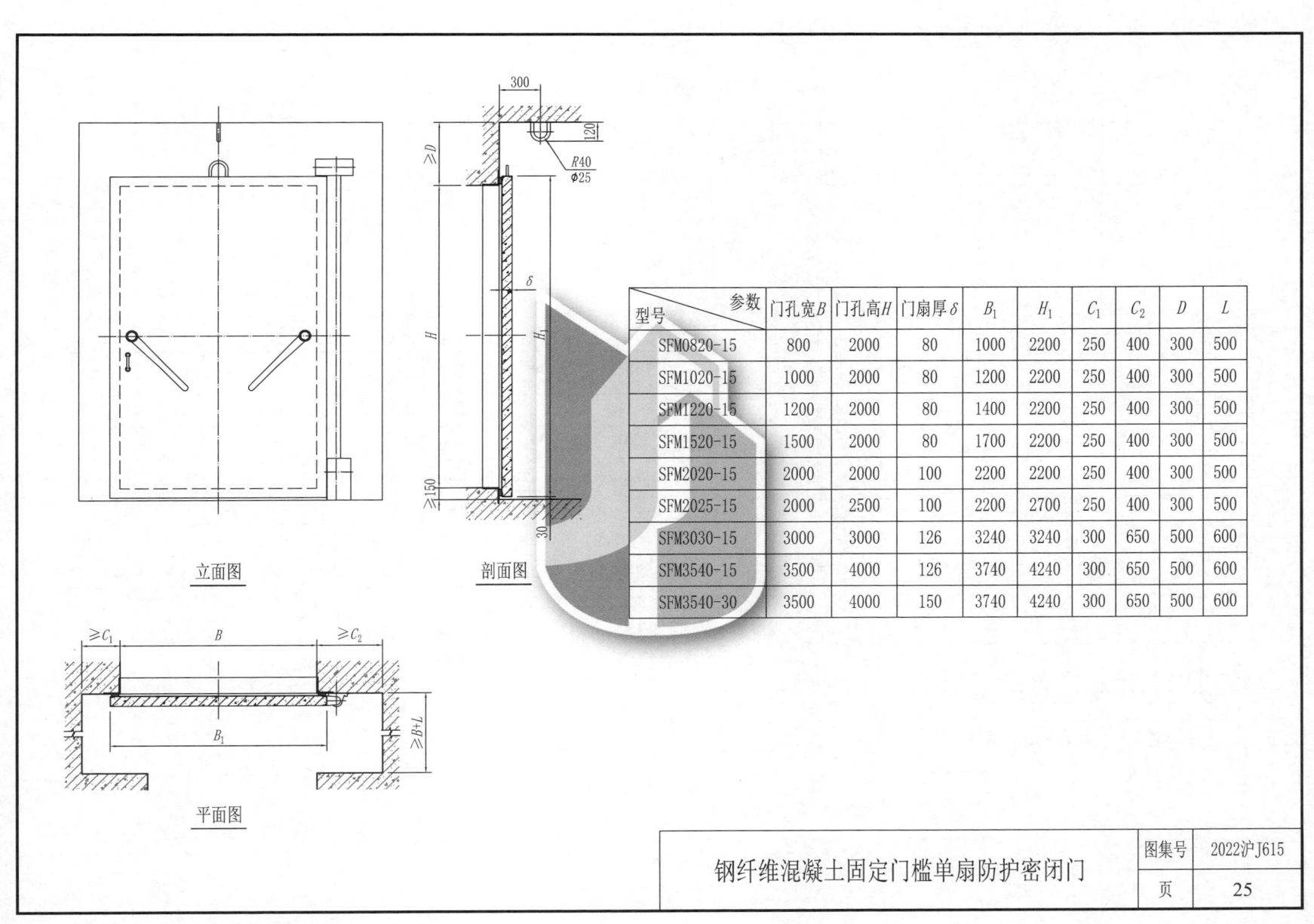

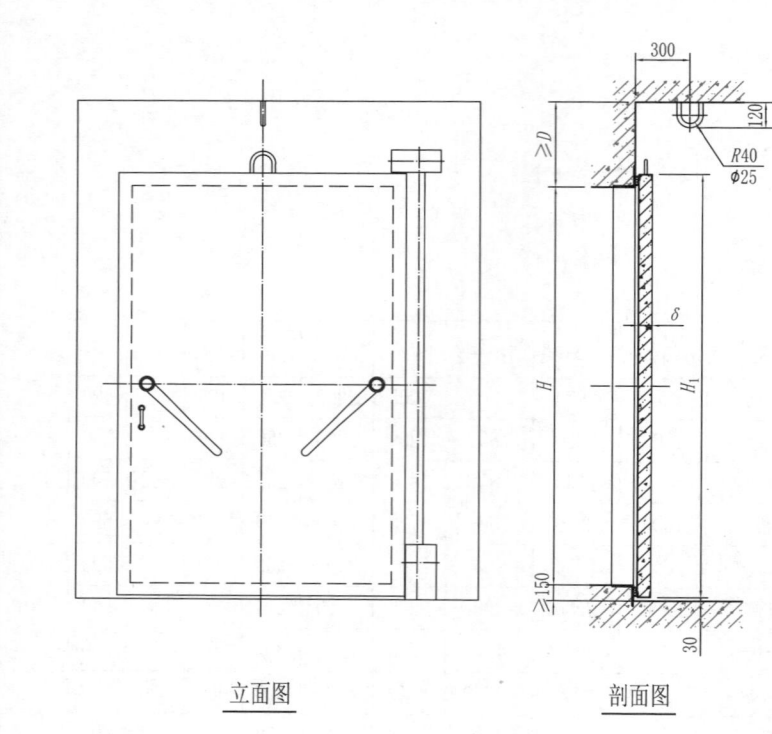

立面图

剖面图

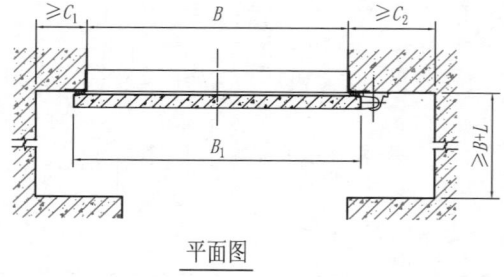

平面图

参数 型号	门孔宽B	门孔高H	门扇厚δ	B_1	H_1	C_1	C_2	D	L
SM0820	800	2000	80	1000	2200	250	400	300	500
SM1020	1000	2000	80	1200	2200	250	400	300	500
SM1220	1200	2000	80	1400	2200	250	400	300	500
SM1520	1500	2000	80	1700	2200	250	400	300	500
SM2020	2000	2000	80	2200	2200	250	400	300	500
SM2025	2000	2500	80	2200	2700	250	400	300	500
SM3540	3500	4000	106	3740	4240	300	650	500	600

钢纤维混凝土固定门槛单扇密闭门

图集号	2022沪J615
页	26

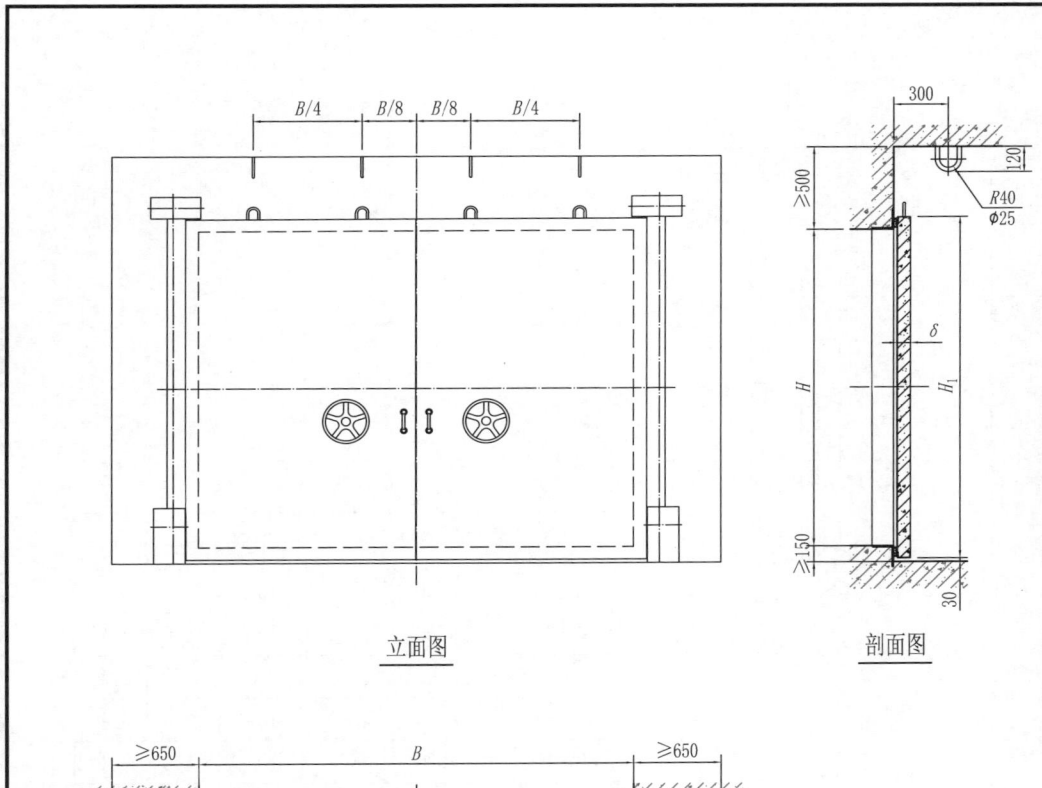

型号 参数	门孔宽B	门孔高H	门扇厚δ	B_1	H_1
SSFM3030-15	3000	3000	126	3240	3240
SSFM3535-15	3500	3500	126	3740	3740
SSFM4030-15	4000	3000	126	4240	3240
SSFM4035-15	4000	3500	126	4240	3740
SSFM4535-15	4500	3500	126	4740	3740
SSFM5035-15	5000	3500	126	5240	3740
SSFM6035-15	6000	3500	126	6240	3740
SSFM7040-15	7000	4000	126	7240	4240
SSFM7040-30	7000	4000	150	7240	4240

立面图

剖面图

平面图

钢纤维混凝土固定门槛双扇防护密闭门

图集号 2022沪J615

页 27

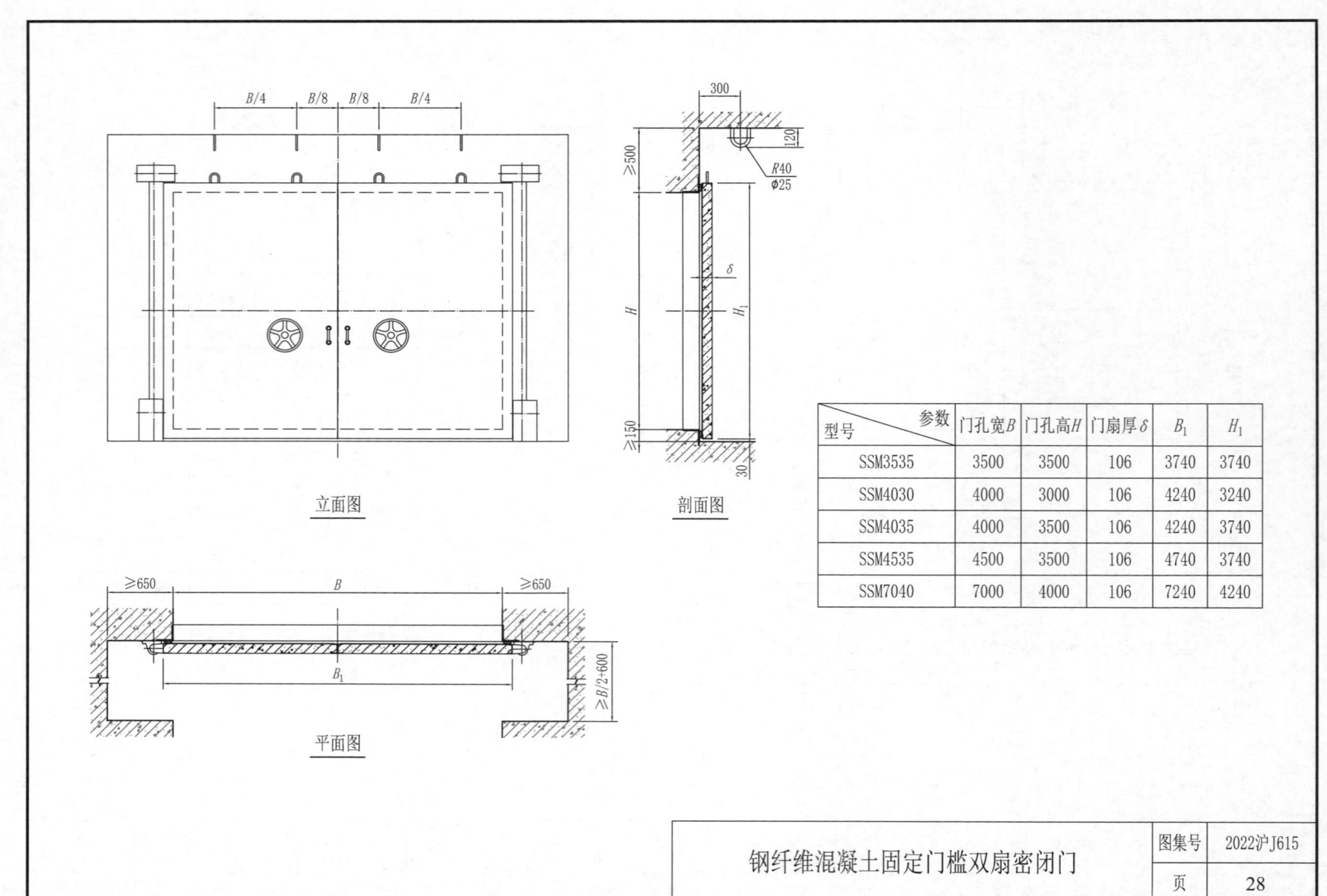

第四部分

清洁式通风防护密闭门与密闭门

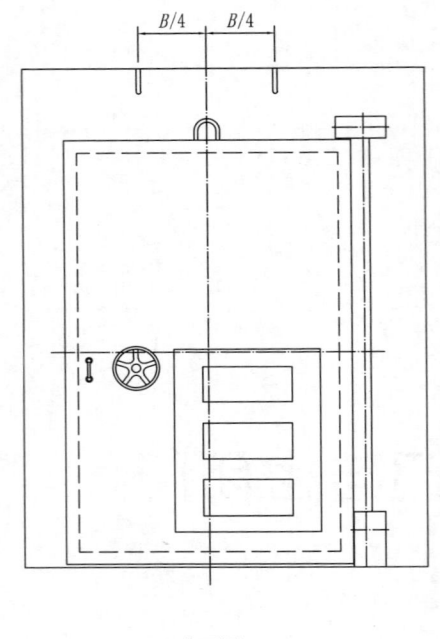

立面图

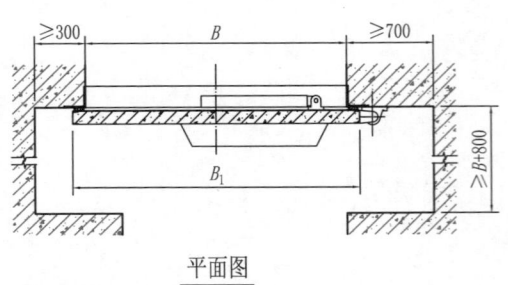

平面图

剖面图

参数 型号	门孔宽 B	门孔高 H	门扇厚 δ	B_1	H_1
SQFM3030-12	3000	3000	126	3240	3240
SQFM3735-12	3700	3500	126	3940	3740
SQFM3540-12	3500	4000	126	3740	4240

注：表中所列防护设备清洁式通风额定风量为6000m³/h

选用说明：
本系列防护设备在生产加工前应仔细核对加工图上的通风参数是否与施工图要求一致，不一致的应进行深化设计。

钢纤维混凝土清洁式通风单扇防护密闭门

图集号 2022沪J615

页 30

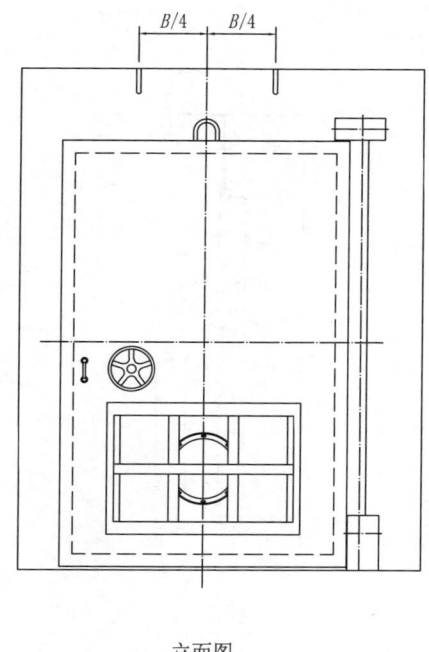

立面图

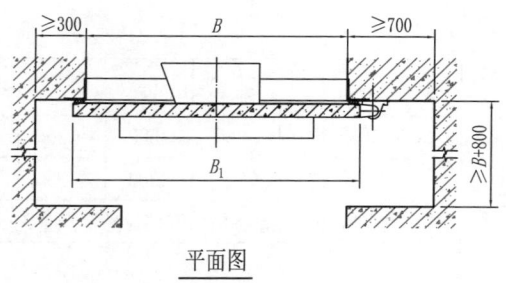

平面图

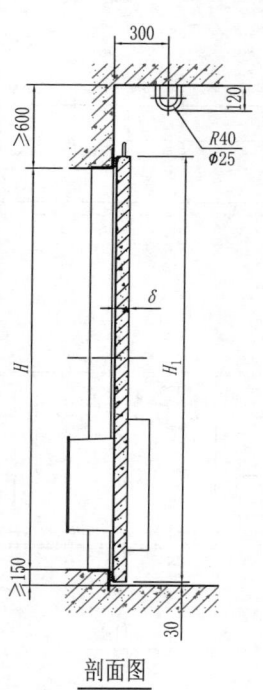

剖面图

型号 \ 参数	门孔宽B	门孔高H	门扇厚δ	B_1	H_1
SJ(P)M3030	3000	3000	126	3240	3240
SJ(P)M3735	3700	3500	126	3940	3740
SJ(P)M3540	3500	4000	126	3740	4240

注：表中所列防护设备清洁式通风额定风量为6000m³/h

选用说明：
本系列防护设备在生产加工前应仔细核对加工图上的通风参数是否与施工图要求一致，不一致的应进行深化设计。

钢纤维混凝土进（排）风机单扇密闭门

图集号 2022沪J615
页 31

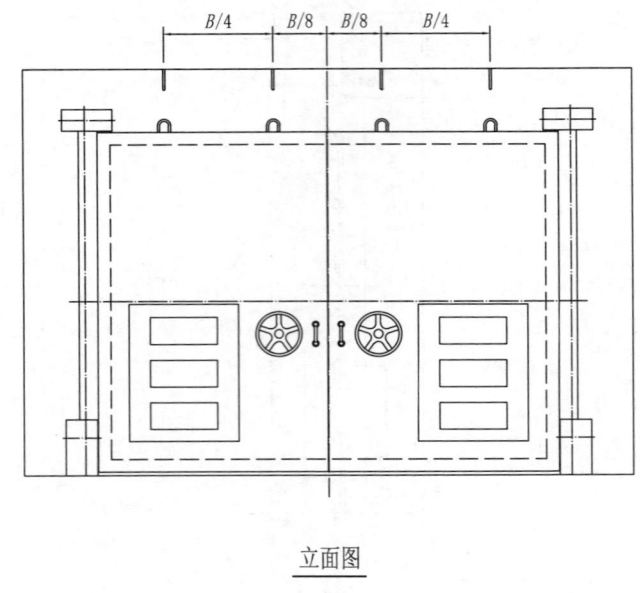

立面图

平面图

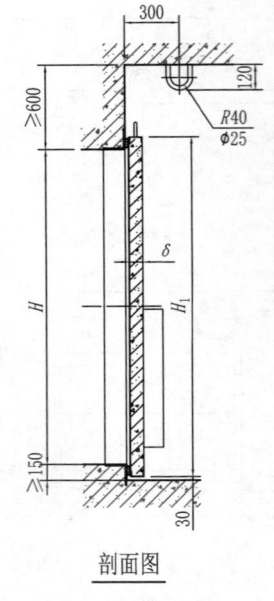

剖面图

型号 \ 参数	门孔宽B	门孔高H	门扇厚δ	B_1	H_1
SQSFM4035-12	4000	3500	126	4240	3740
SQSFM7040-12	7000	4000	126	7240	4240
注：表中所列防护设备清洁式通风额定风量为6000m³/h					

选用说明：
本系列防护设备在生产加工前应仔细核对加工图上的通风参数是否与施工图要求一致，不一致的应进行深化设计。

钢纤维混凝土清洁式通风双扇防护密闭门

图集号 2022沪J615

页 32

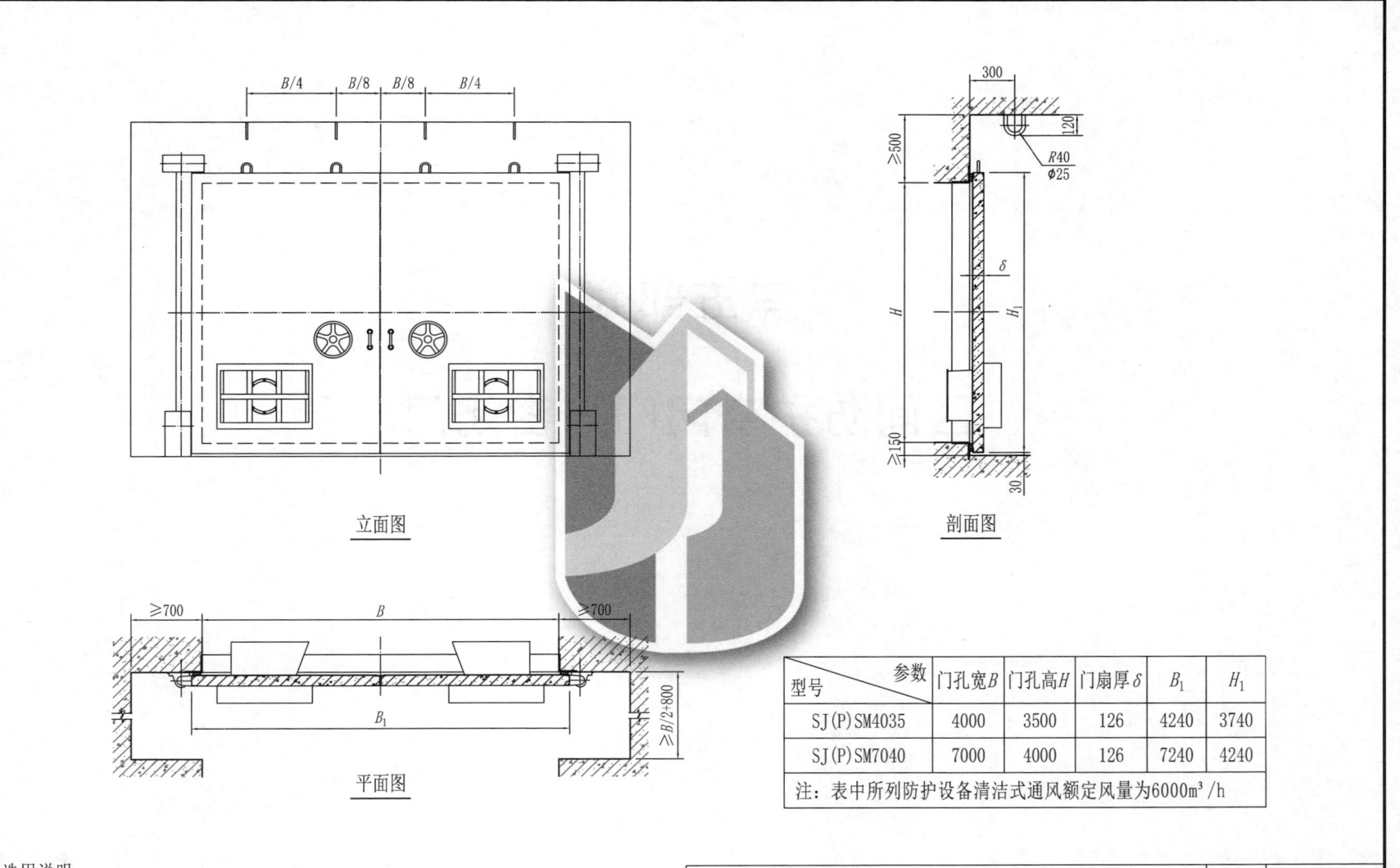

立面图

剖面图

平面图

型号\参数	门孔宽B	门孔高H	门扇厚δ	B_1	H_1
SJ(P)SM4035	4000	3500	126	4240	3740
SJ(P)SM7040	7000	4000	126	7240	4240

注：表中所列防护设备清洁式通风额定风量为6000m³/h

选用说明：
本系列防护设备在生产加工前应仔细核对加工图上的通风参数是否与施工图要求一致，不一致的应进行深化设计。

钢纤维混凝土进（排）风机双扇密闭门

图集号 2022沪J615

页 33

第五部分

区间防护密闭门与密闭门

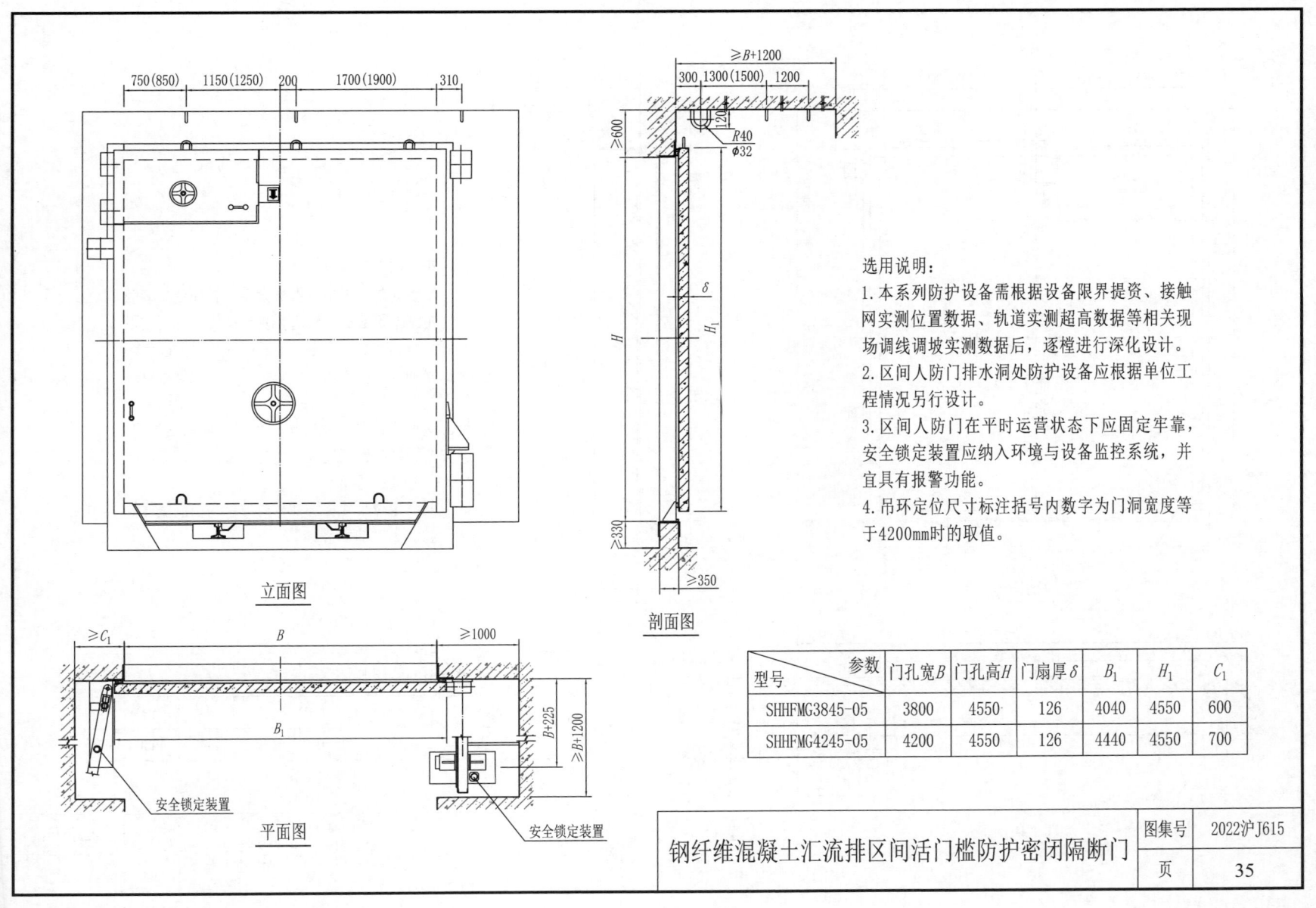

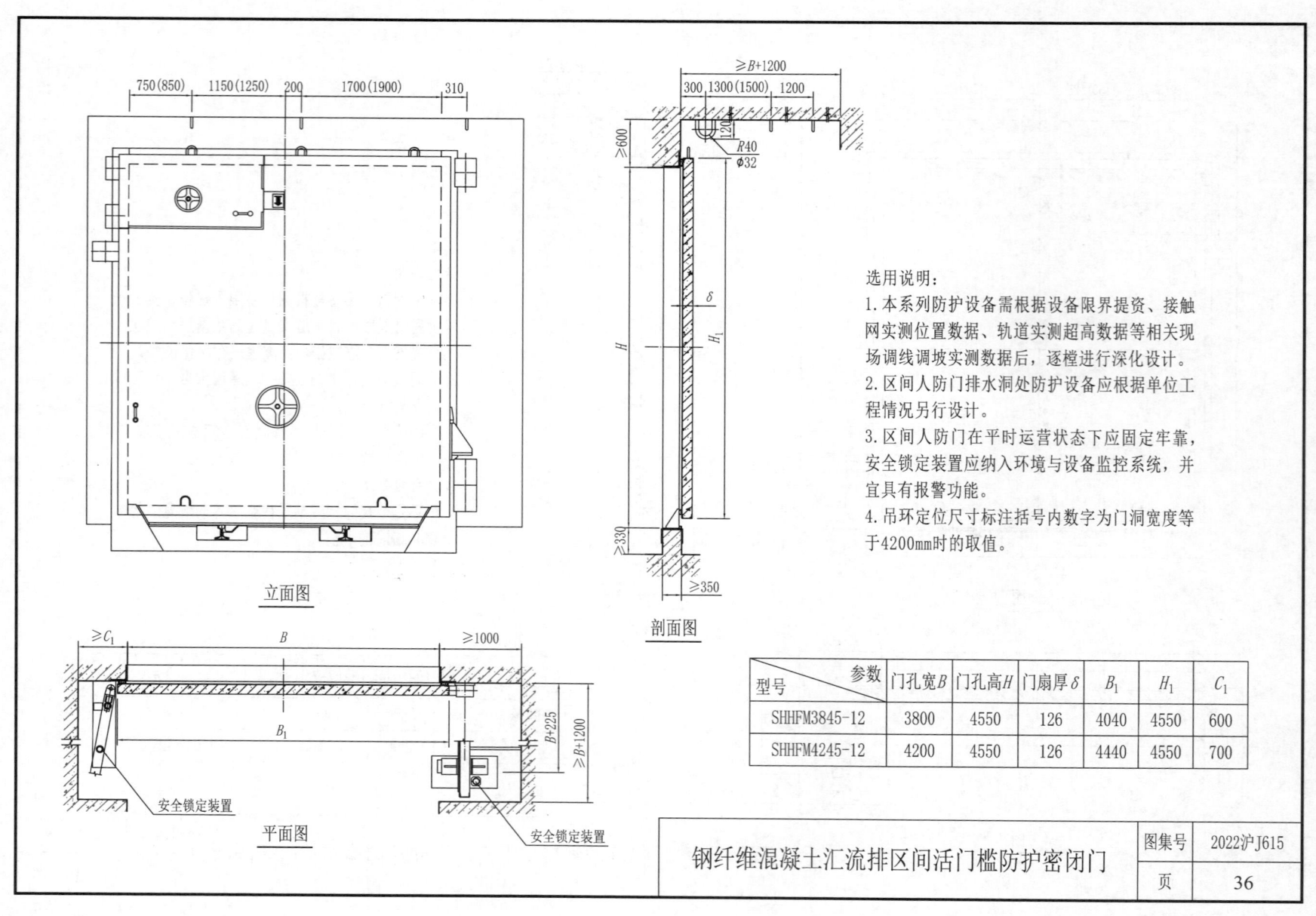

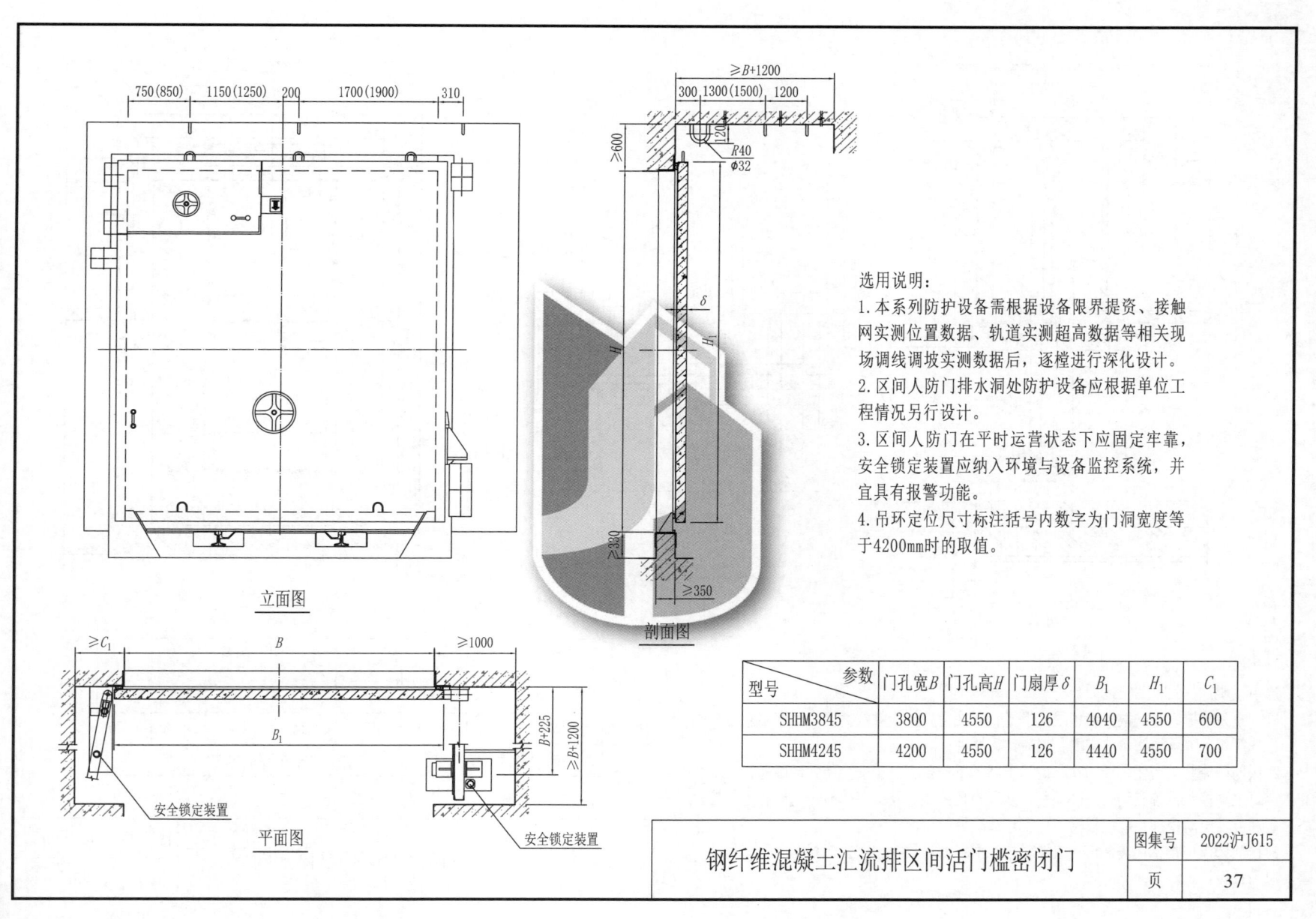

钢纤维混凝土汇流排区间活门槛密闭门

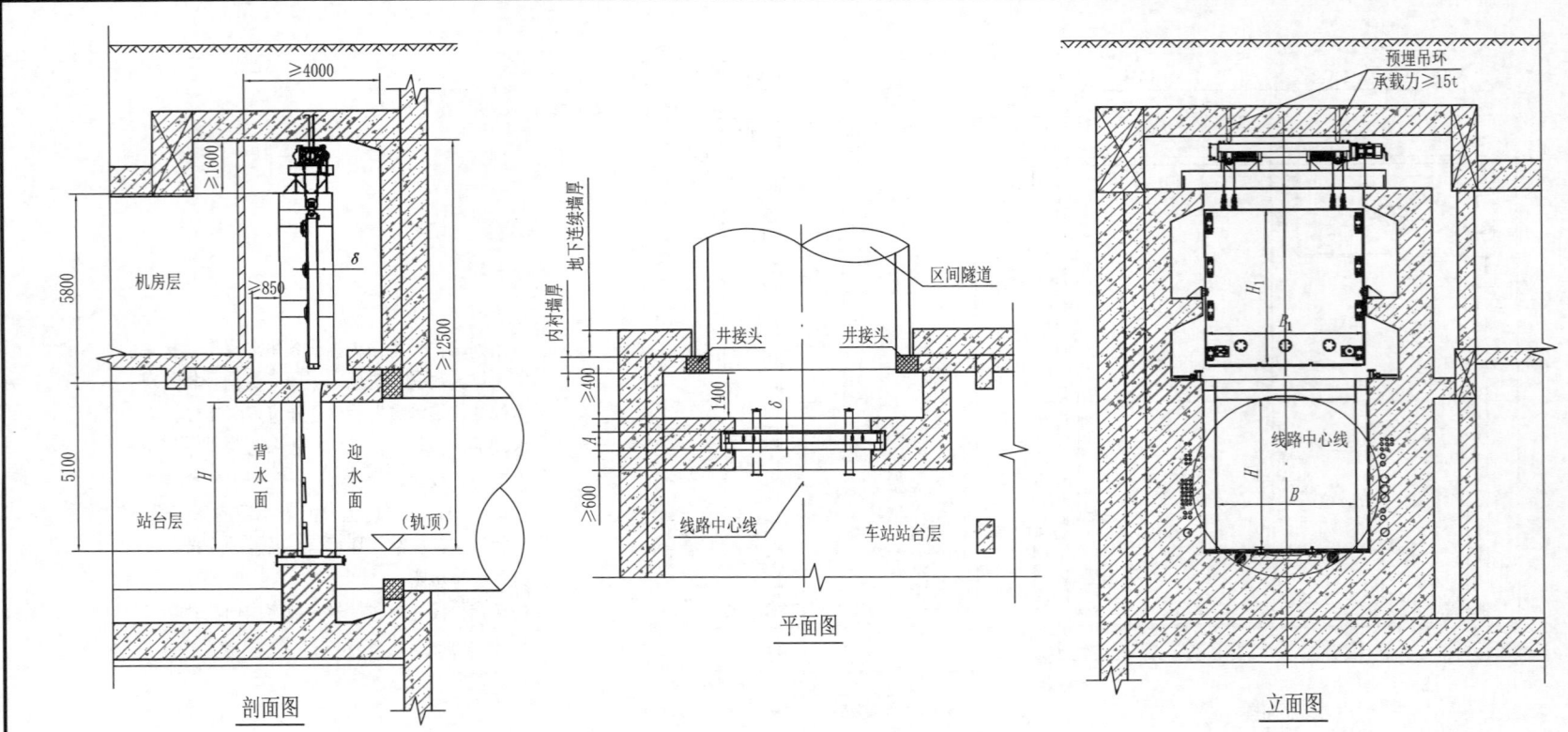

选用说明：
1. 本系列防护设备需根据设备限界提资、ISCS提资、接触网提资、轨道实测超高数据等相关现场调线调坡实测数据后，逐榀进行深化设计。
2. 区间防淹防护密闭隔断门在平时运营状态下应紧固机械安全装置，确保行车安全。电动控制系统应纳入ISCS系统，实现对门体状态及报警的显示功能和远程控制功能，电动控制系统应根据单位工程情况另行设计。
3. 区间防淹防护密闭隔断门处宜不设排水洞；若设置排水洞，应根据单位工程情况另行设计。

参数 型号	门孔宽 B	门孔高 H	门扇厚 δ	门槽宽 A	B_1	H_1
SYFMG4145-20	4100	4500	262	506	4600	4750
SYFMG4145-32	4100	4500	314	556	4600	4750

注：电动降落式防护设备每榀需提供380V/30kW供电电源

钢纤维混凝土区间防淹防护密闭隔断门

图集号 2022沪J615

页 38

第六部分

双向受力防护密闭隔断门

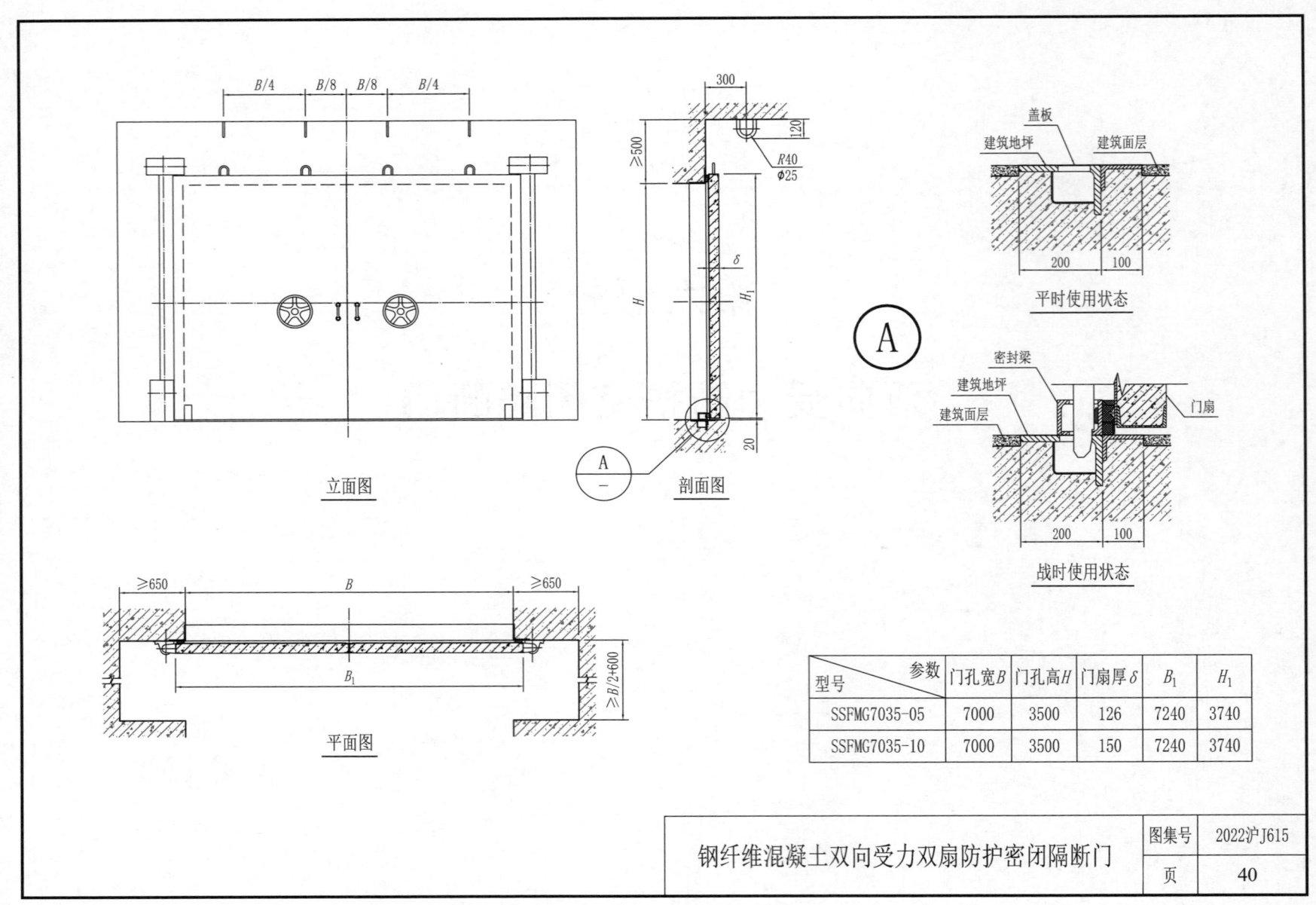

第七部分

防护密闭封堵板

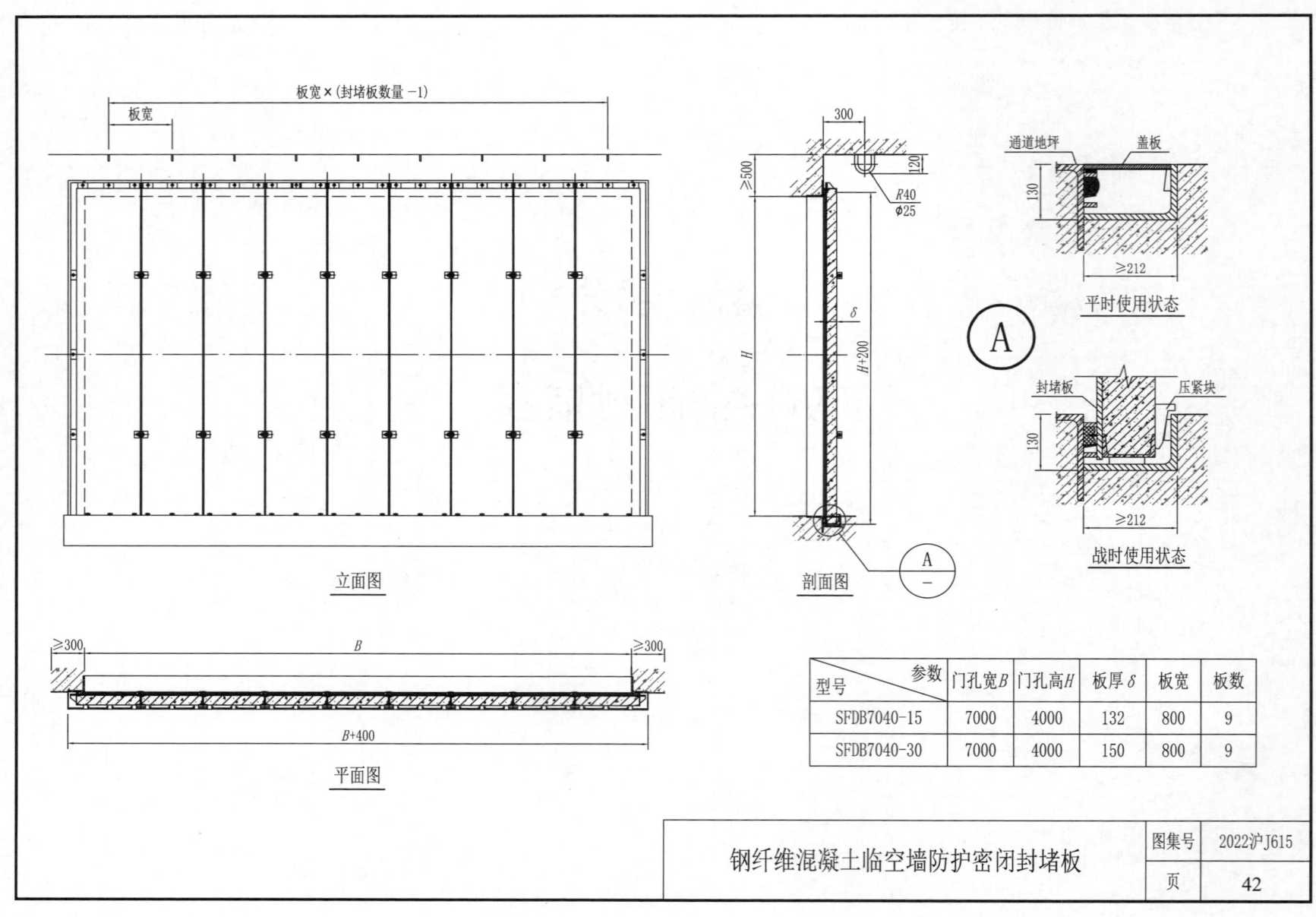

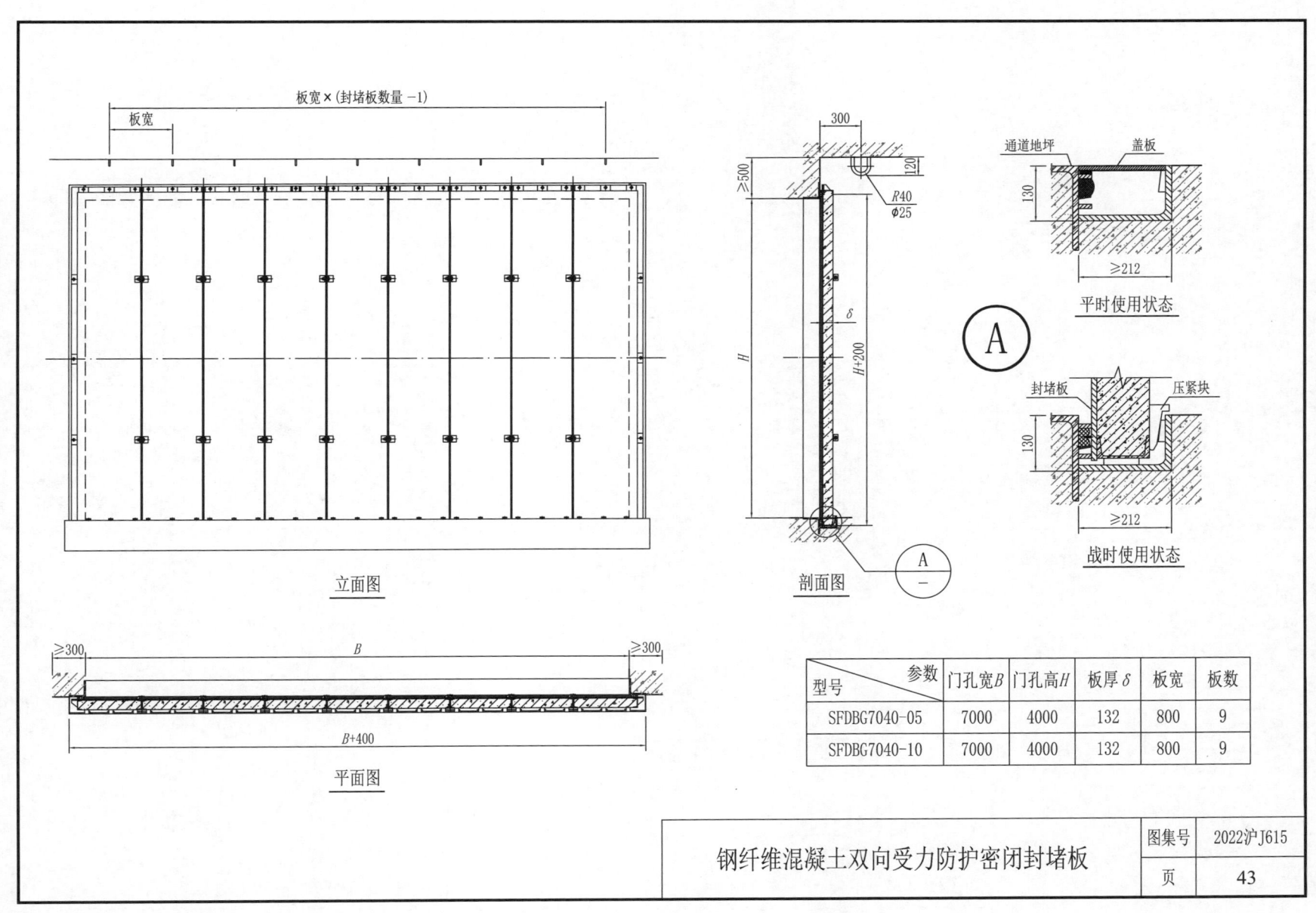

第二篇

钢结构系列防护设备

第一部分

无门槛防护密闭门与密闭门

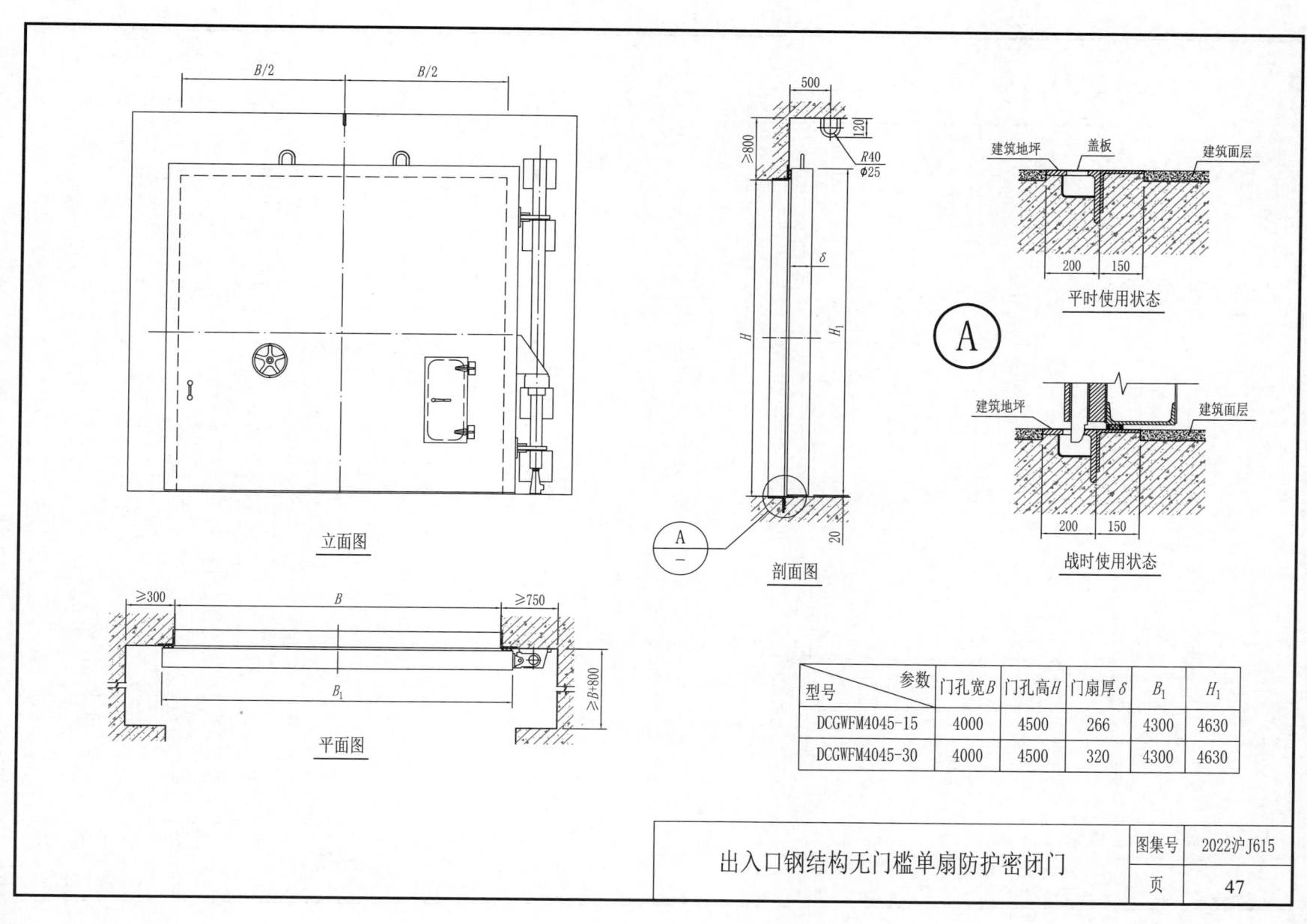

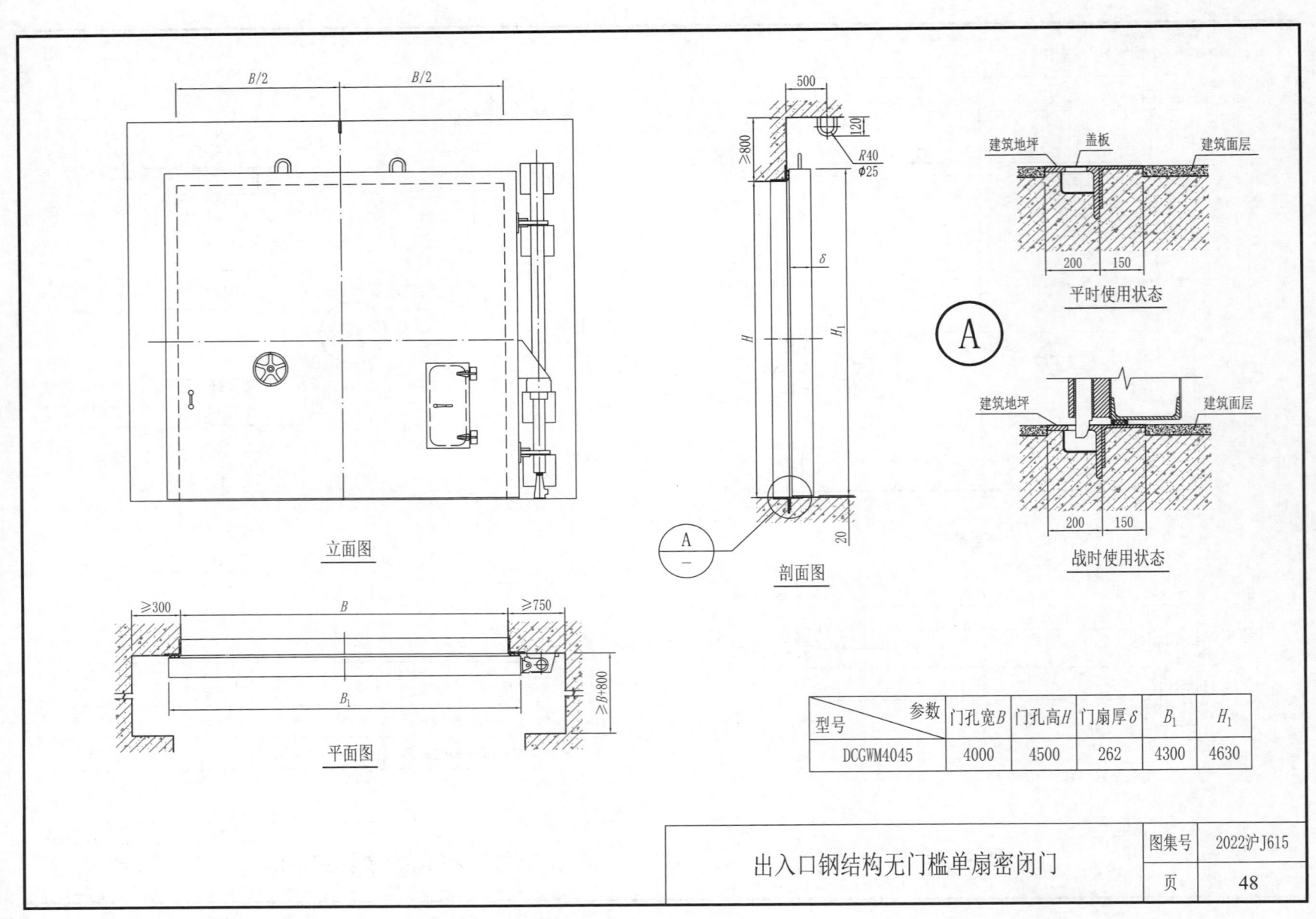

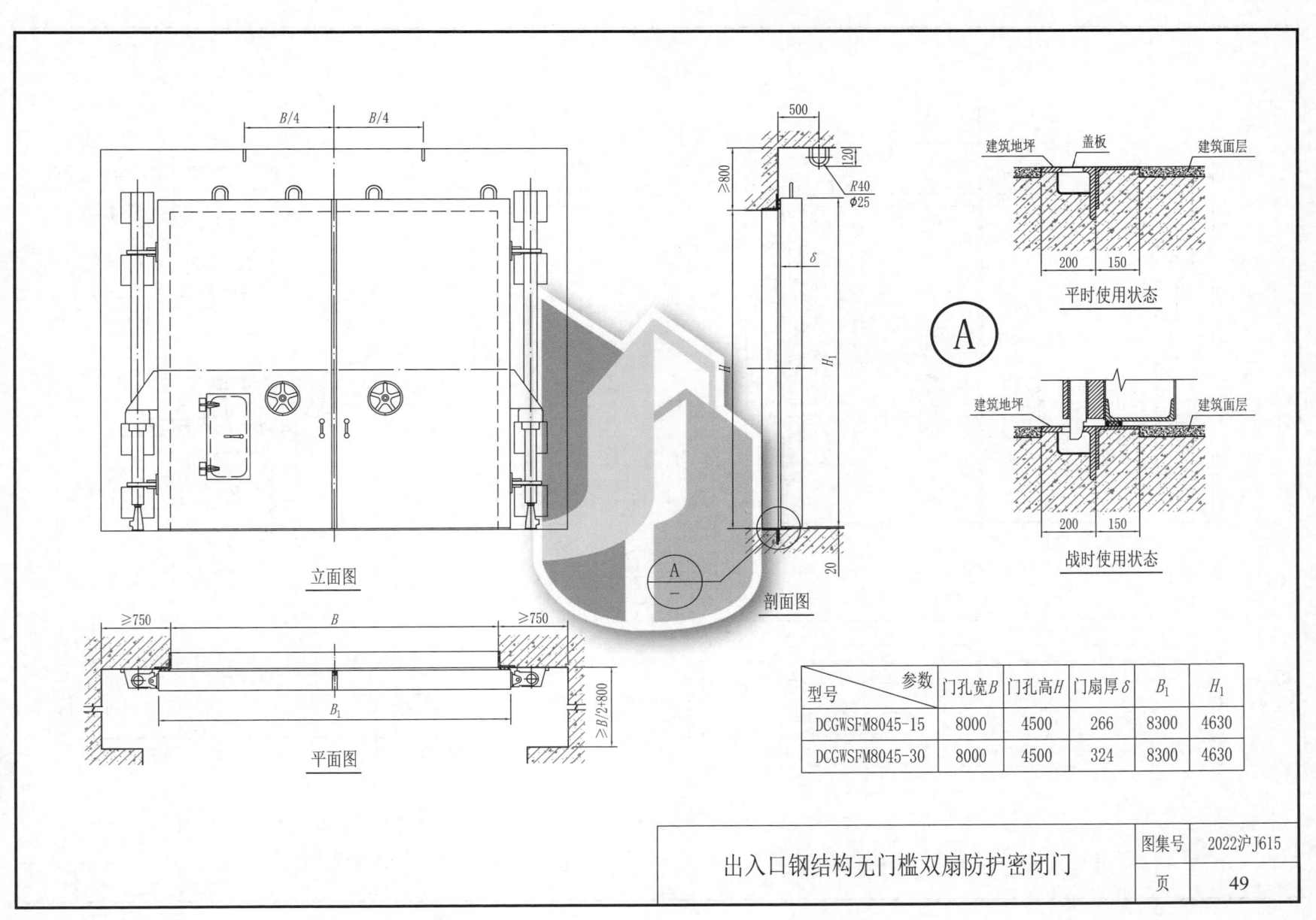

出入口钢结构无门槛双扇防护密闭门

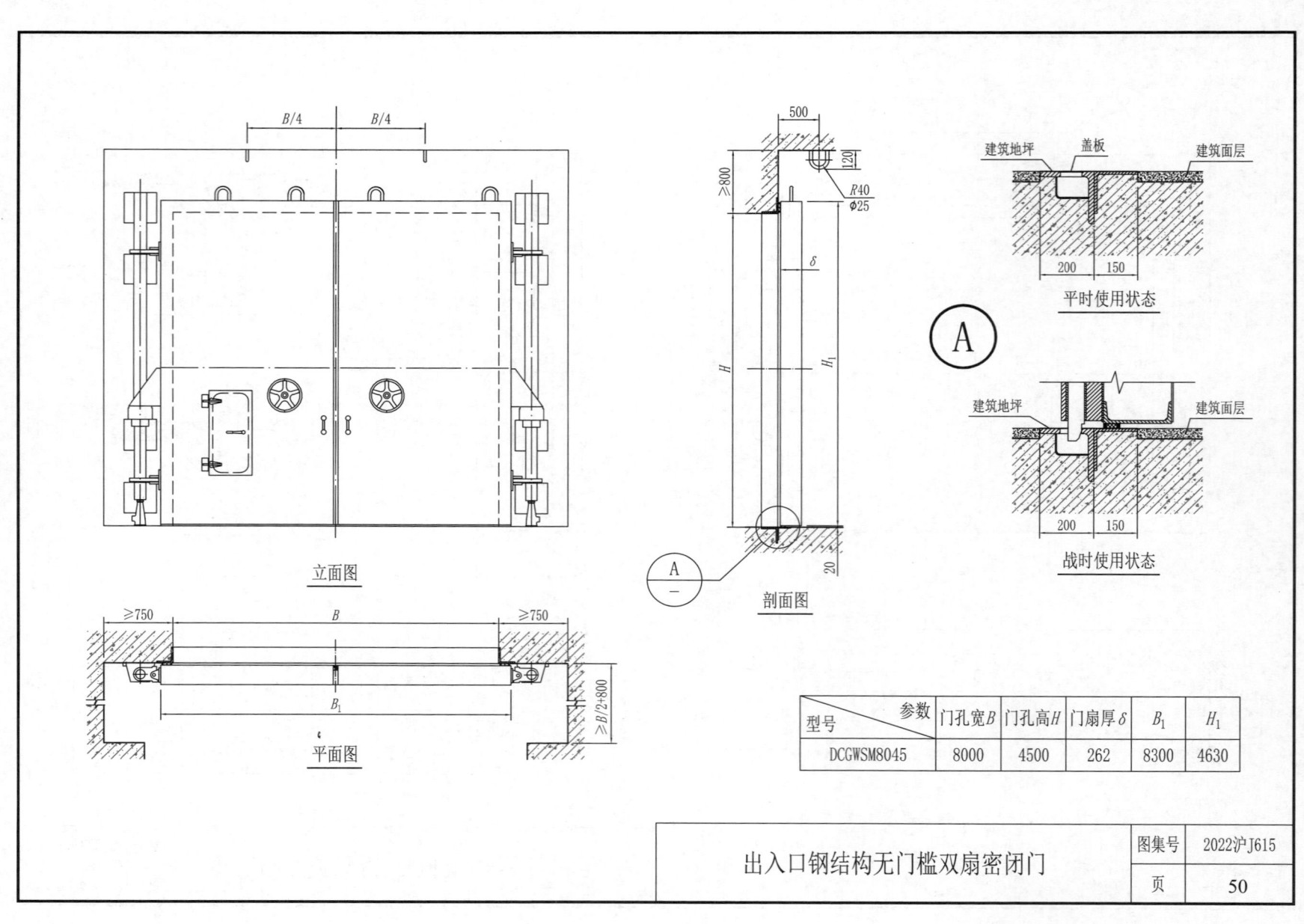

第二部分

活门槛防护密闭门与密闭门

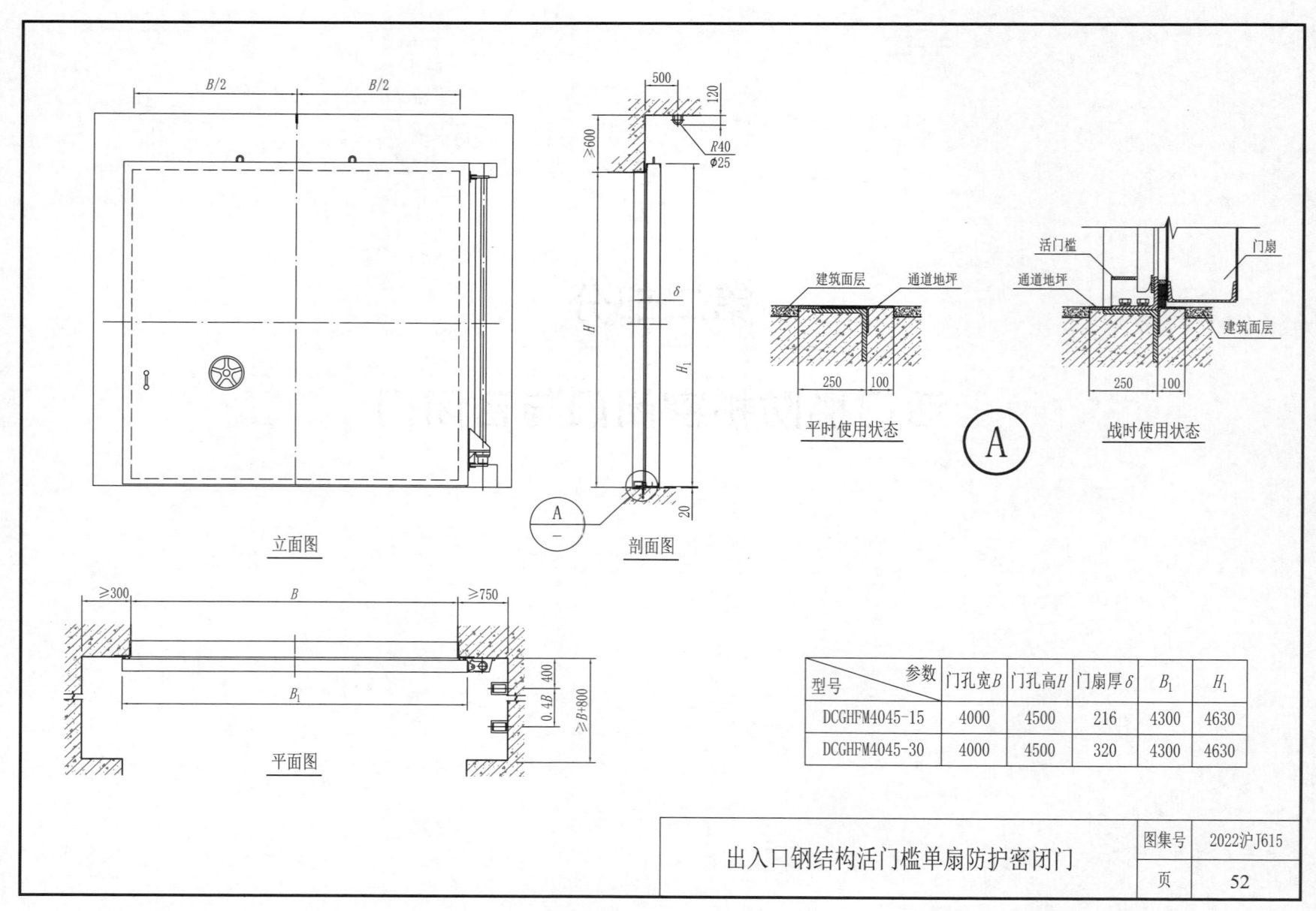

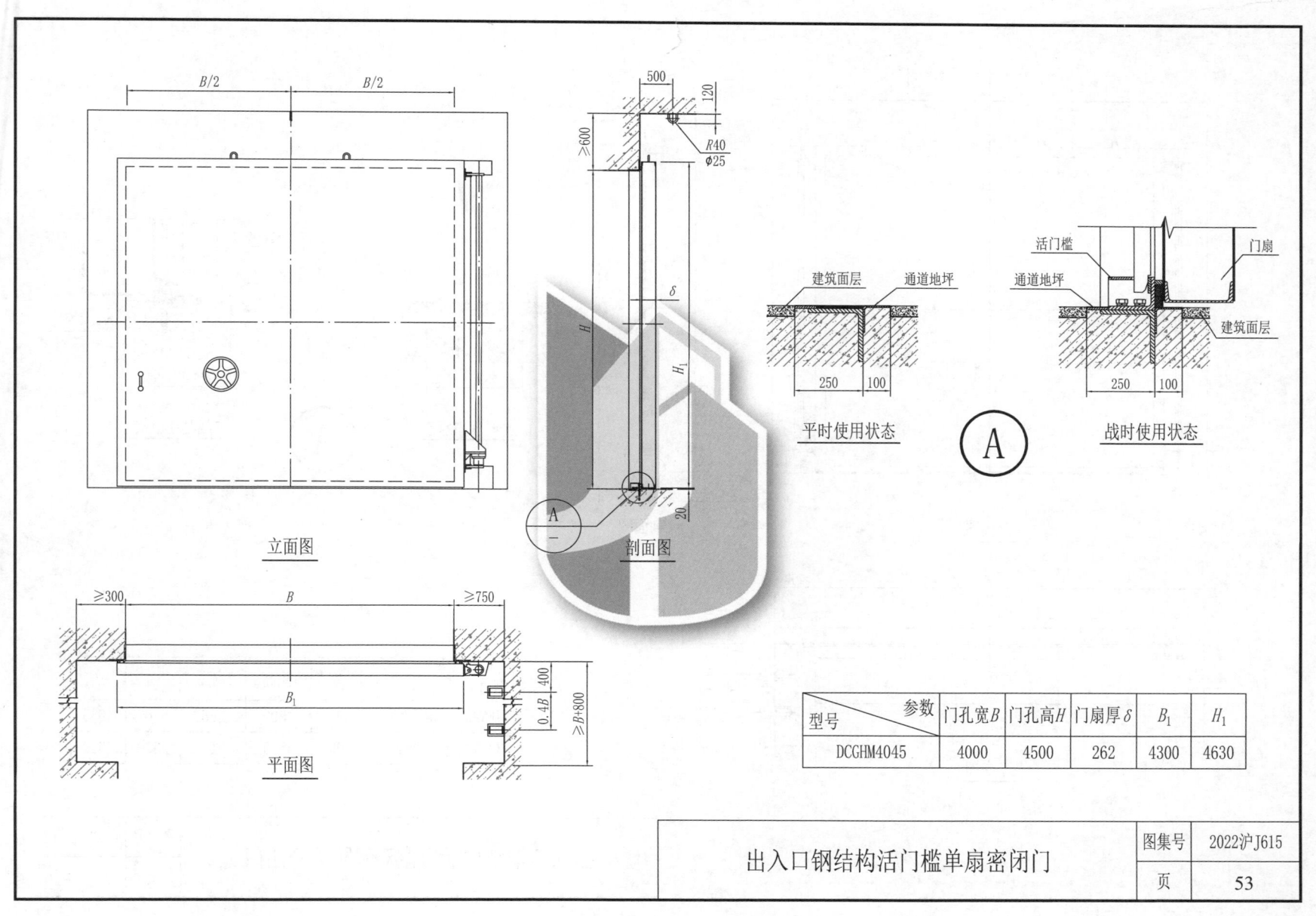

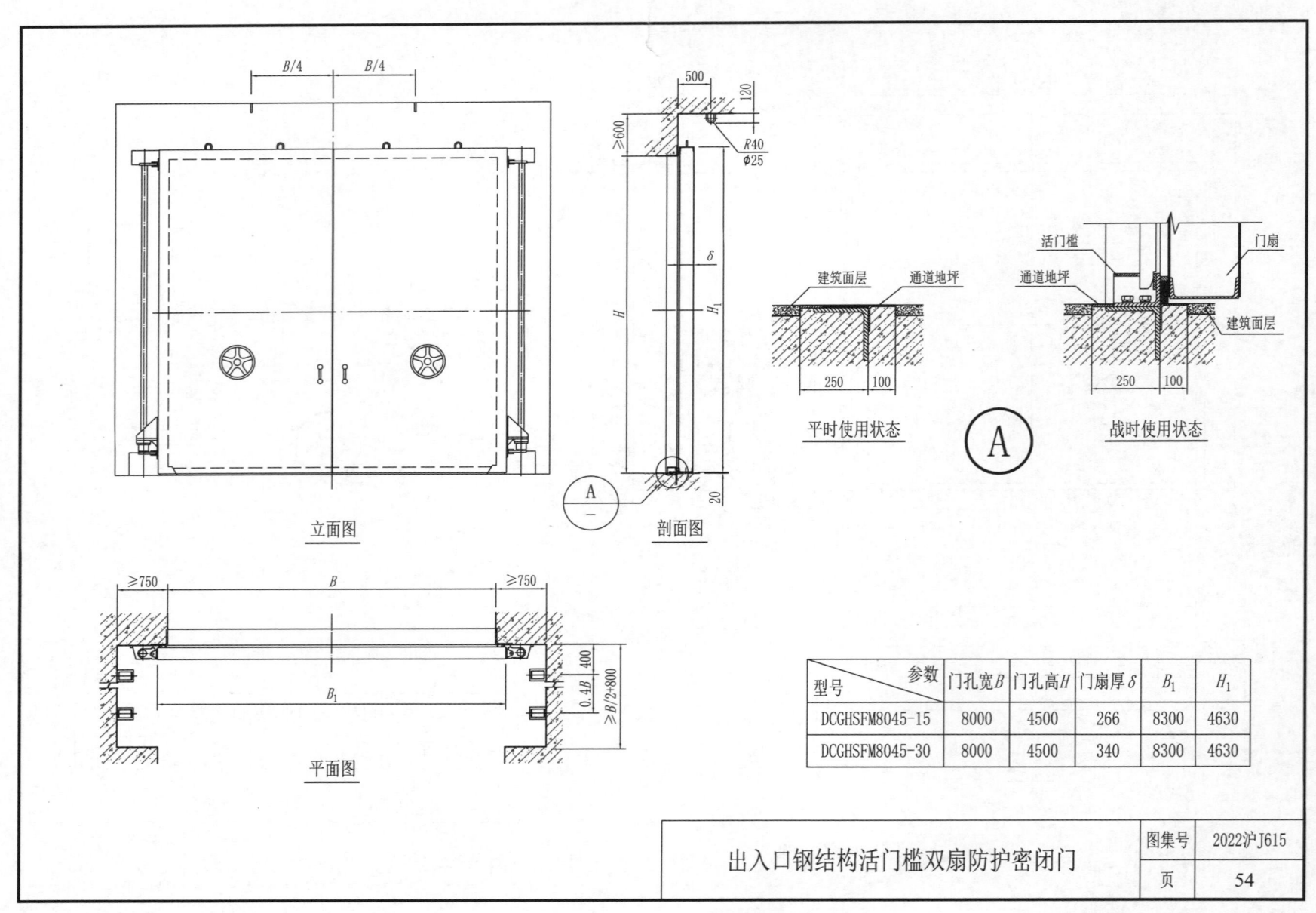

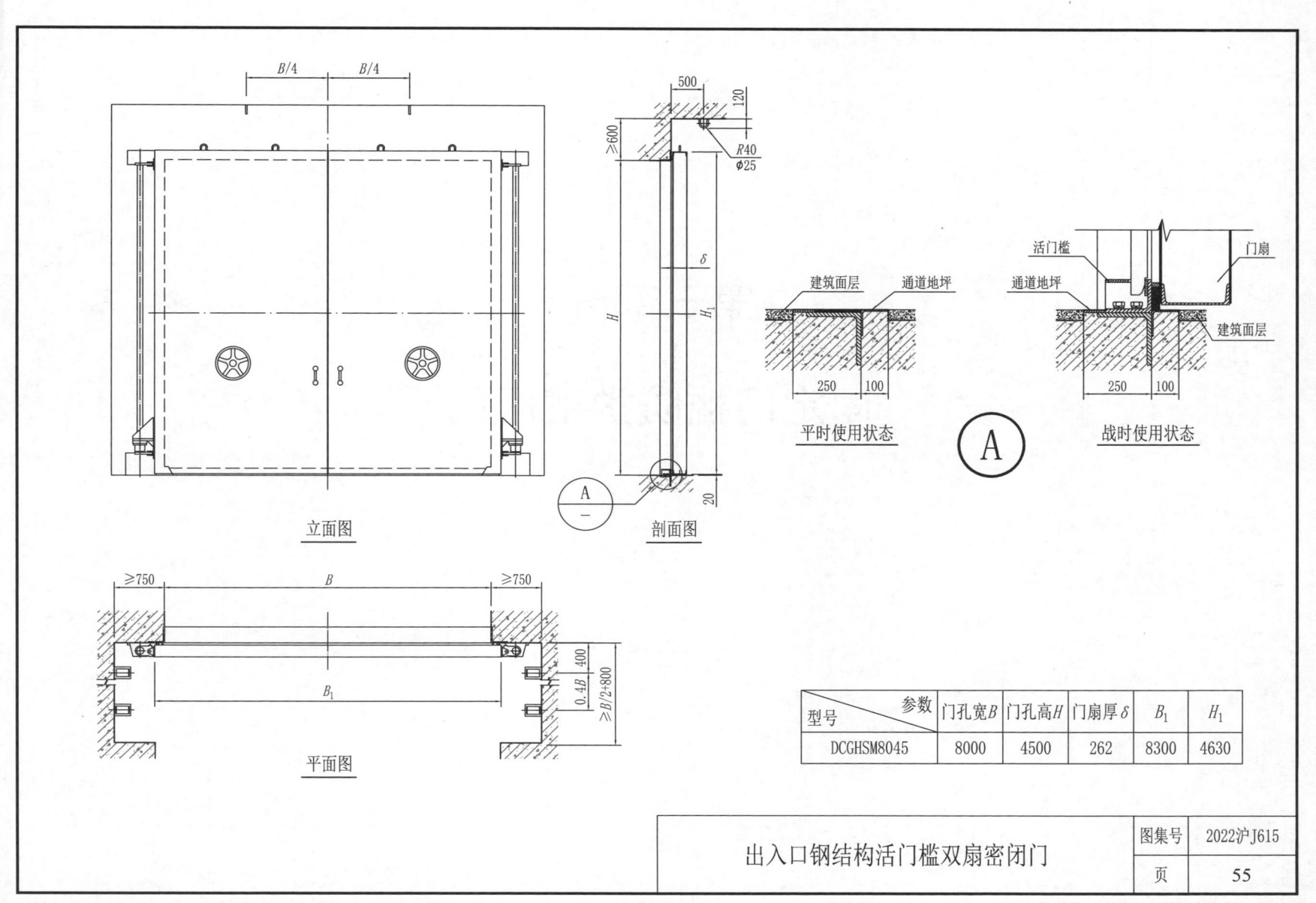

第三部分

固定门槛防护密闭门

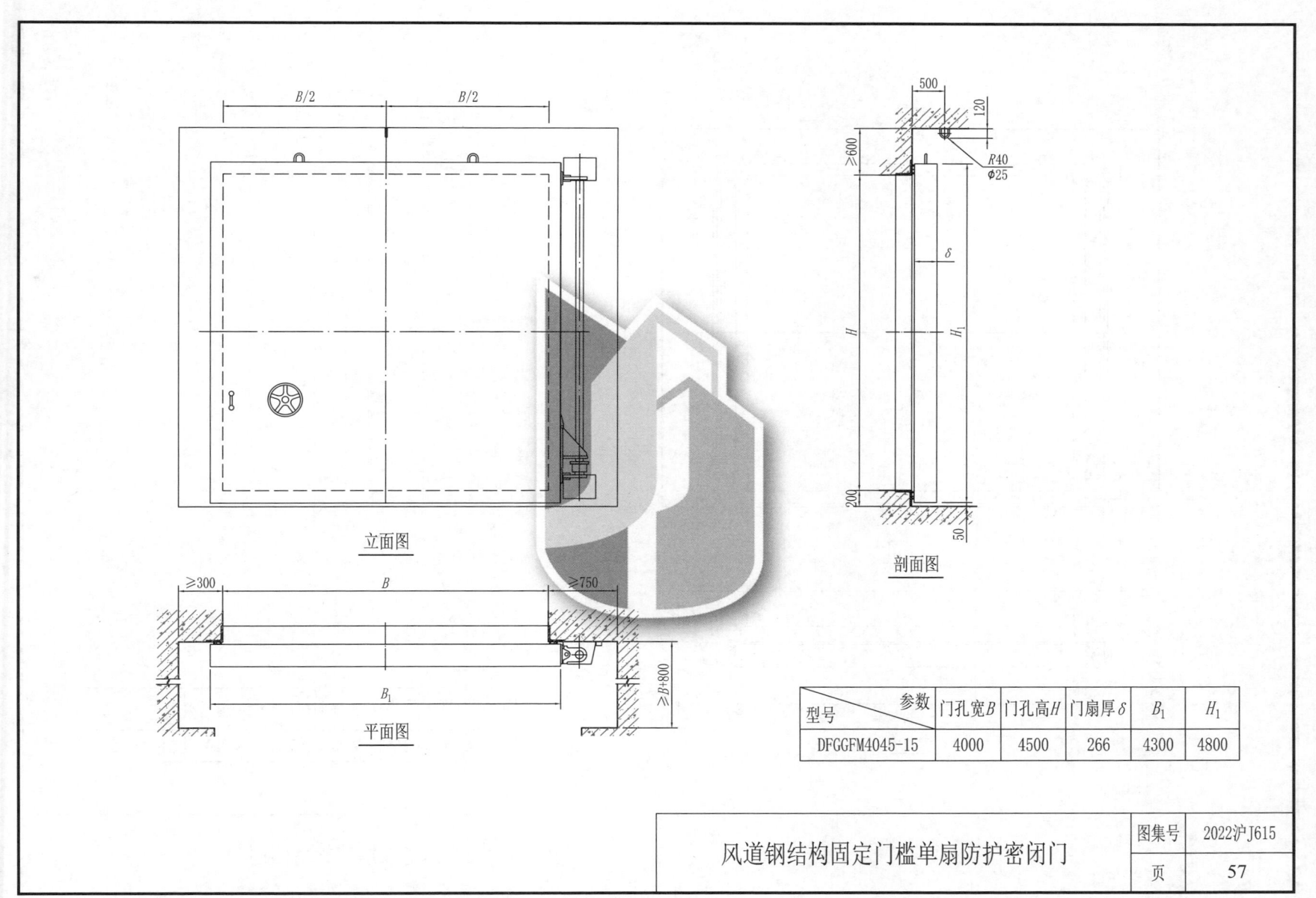

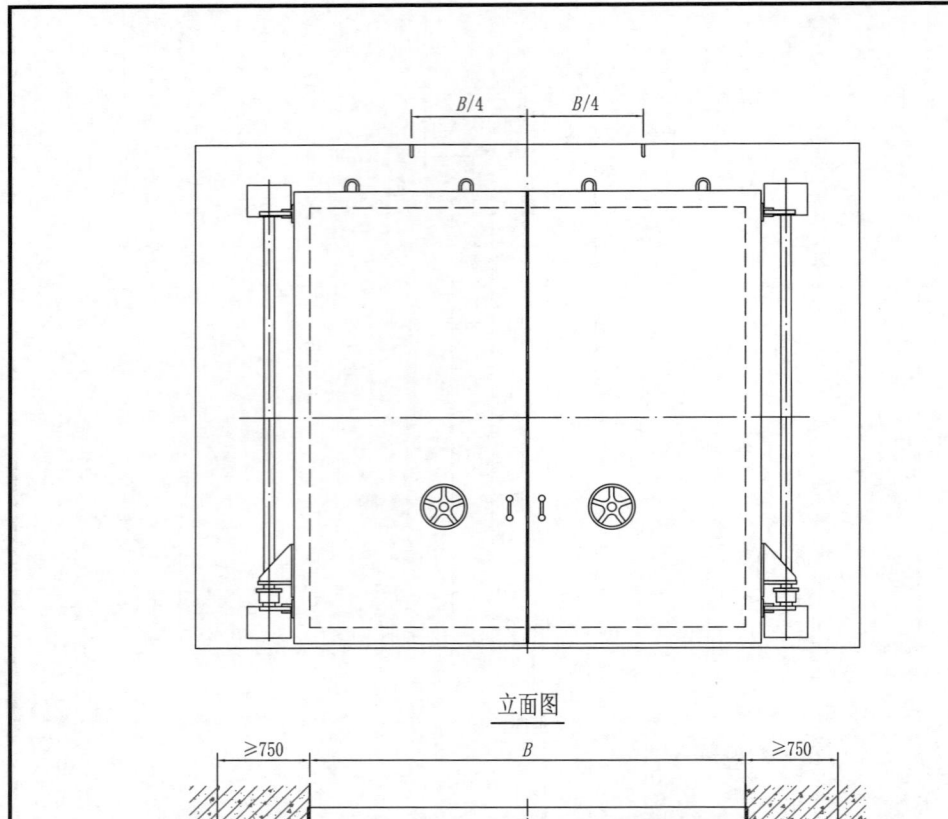

立面图

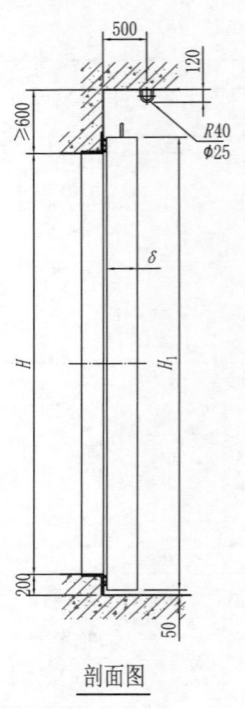

剖面图

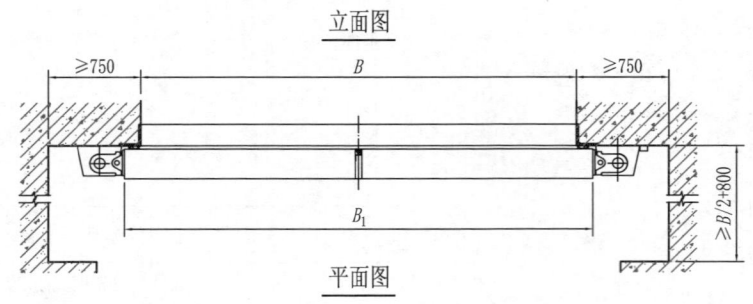

平面图

型号 \ 参数	门孔宽B	门孔高H	门扇厚δ	B_1	H_1
DFGGSFM8055-15	8000	5500	320	8300	5800

风道钢结构固定门槛双扇防护密闭门

图集号 2022沪J615

页 58

第四部分

清洁式通风防护密闭门与密闭门

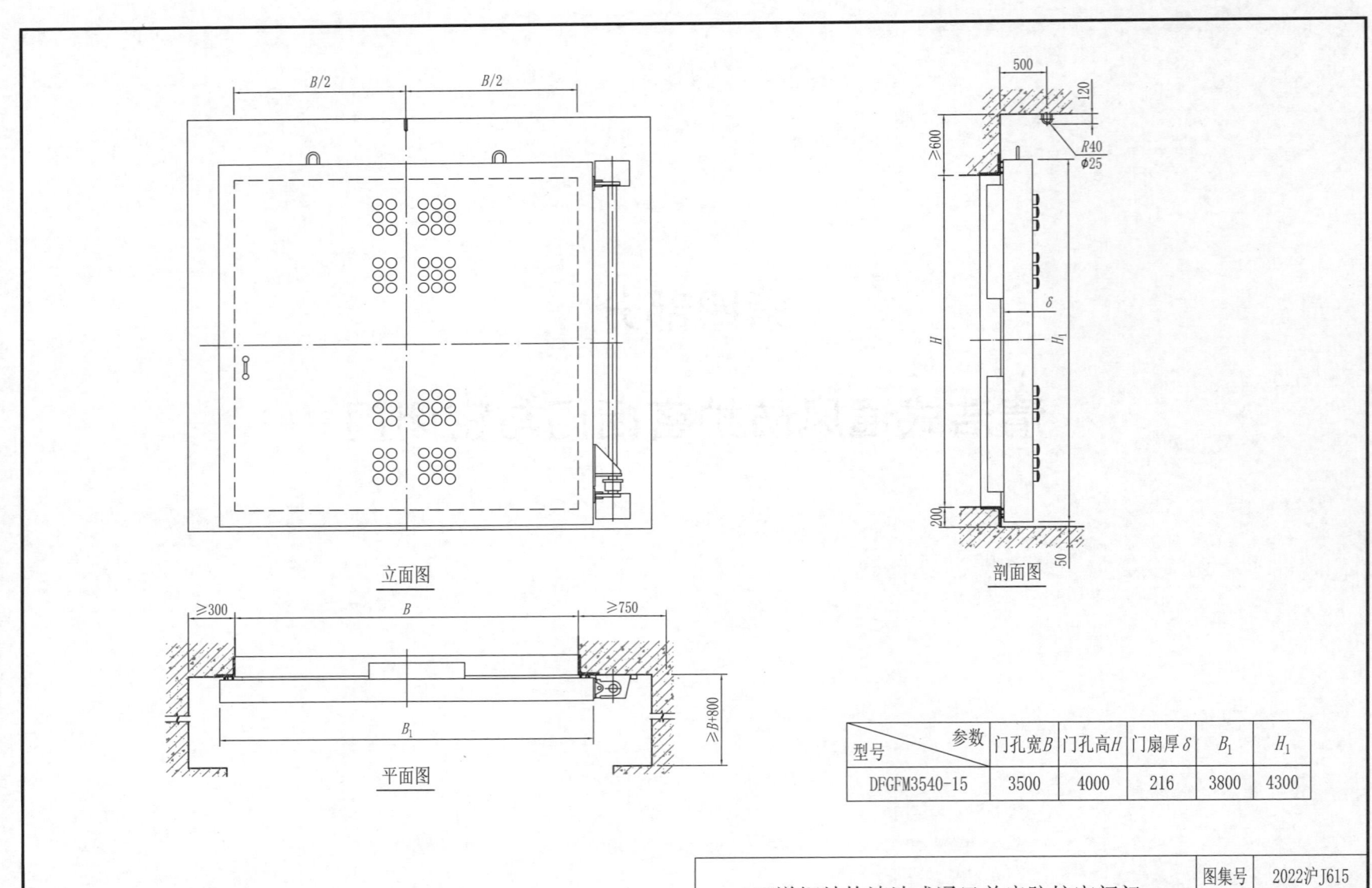

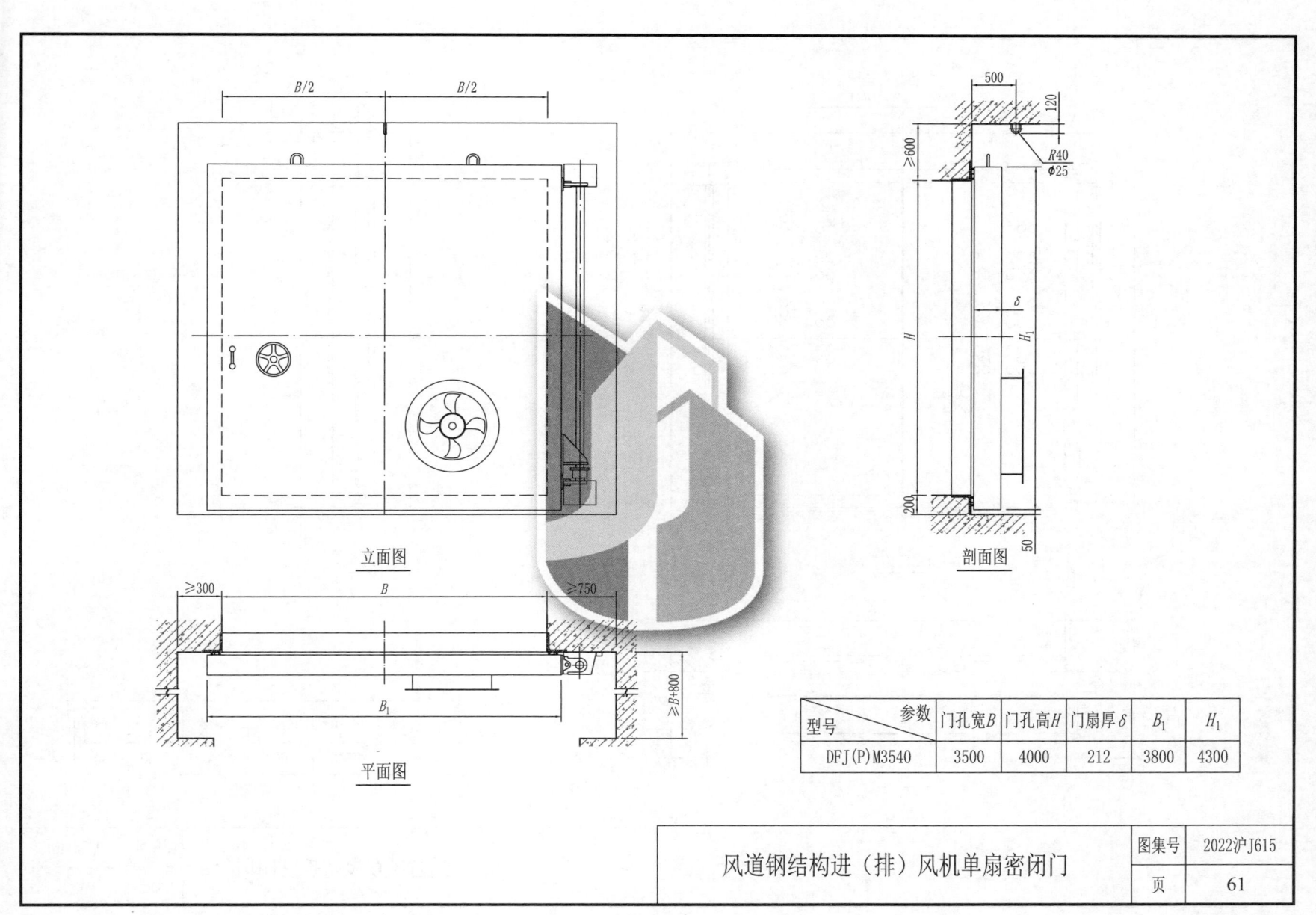

风道钢结构进（排）风机单扇密闭门

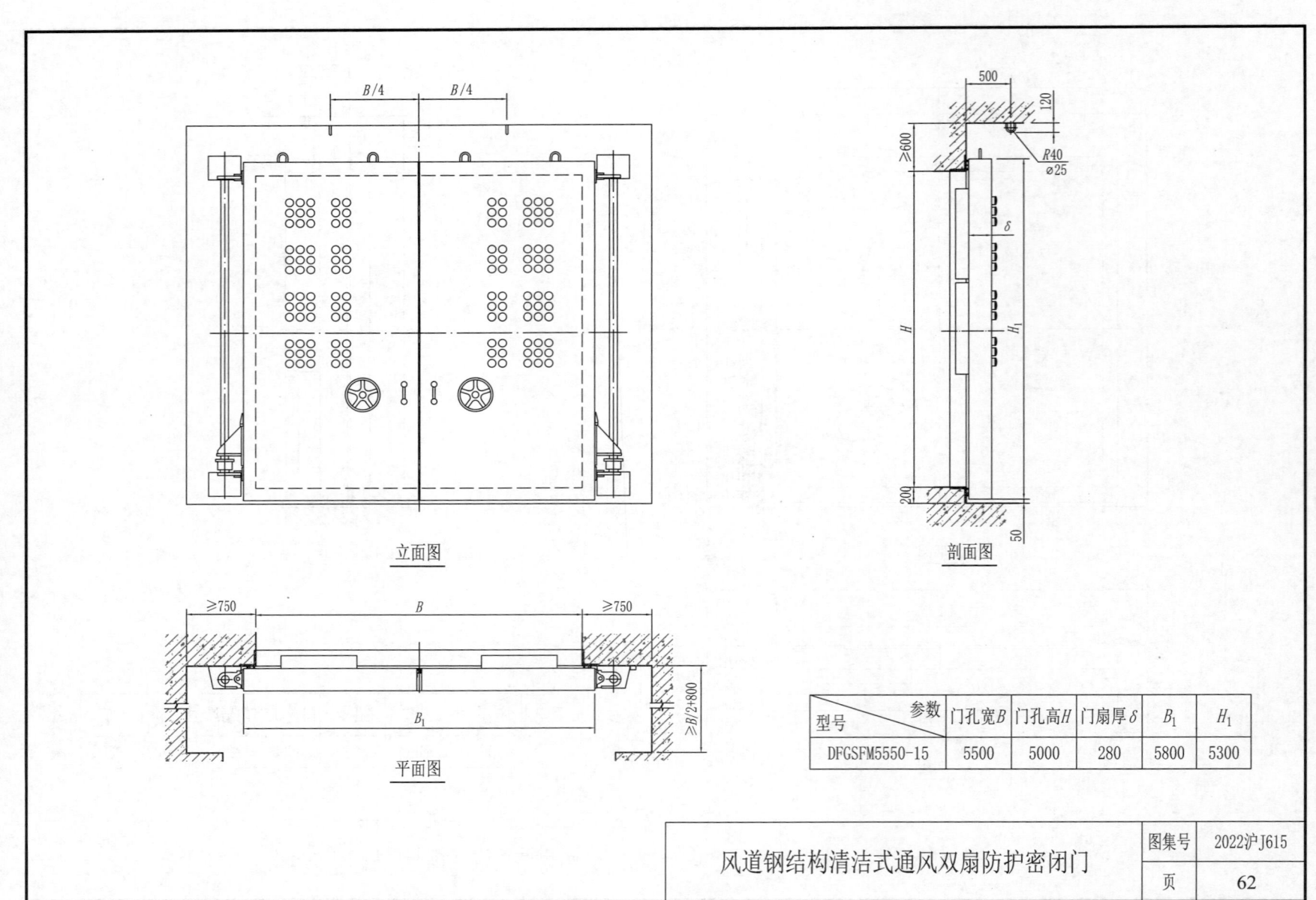

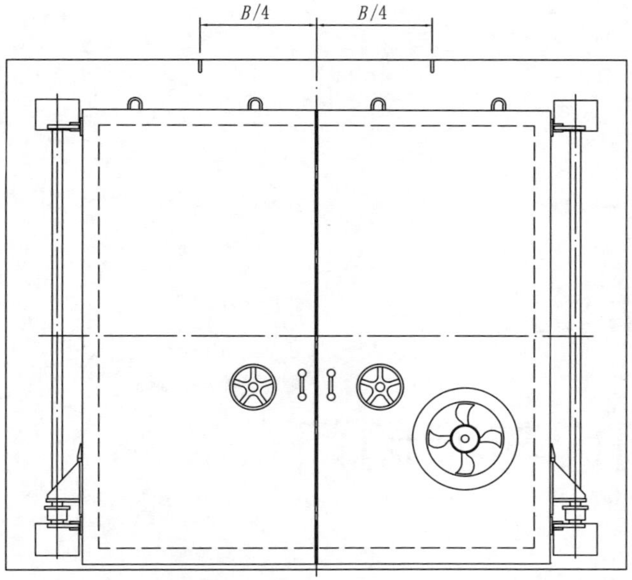

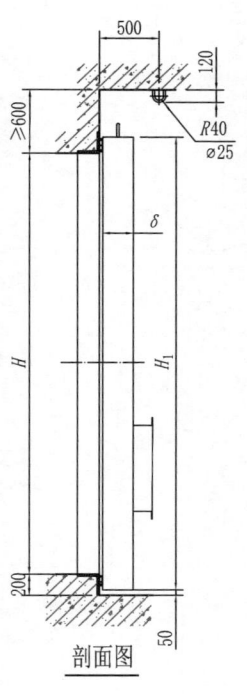

立面图

剖面图

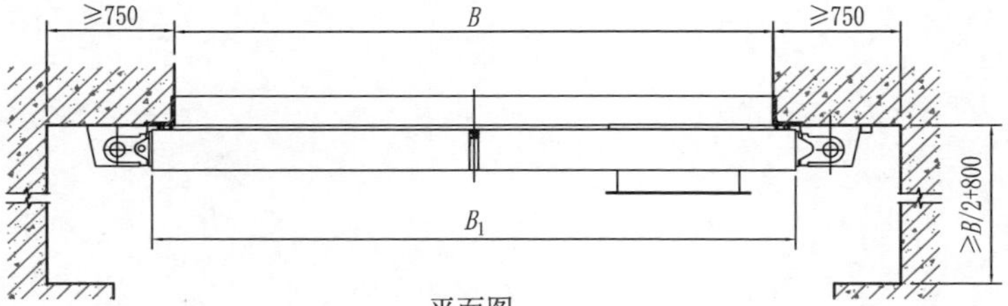

平面图

型号 \ 参数	门孔宽 B	门孔高 H	门扇厚 δ	B_1	H_1
DFJ(P)SM5550	5500	5000	262	5800	5300

风道钢结构进（排）风机双扇密闭门

图集号 2022沪J615

页 63

第五部分

区间防护密闭门与密闭门

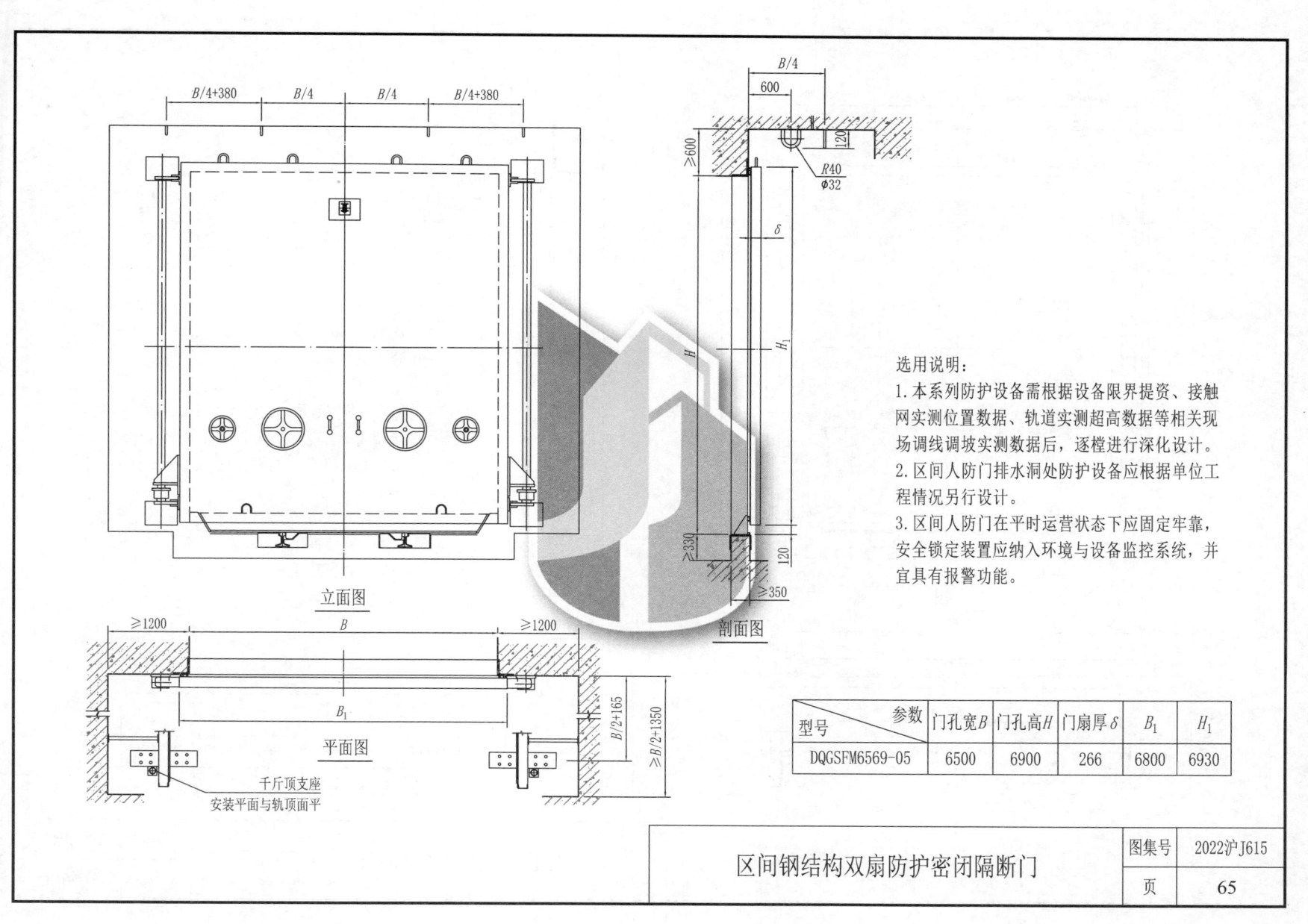

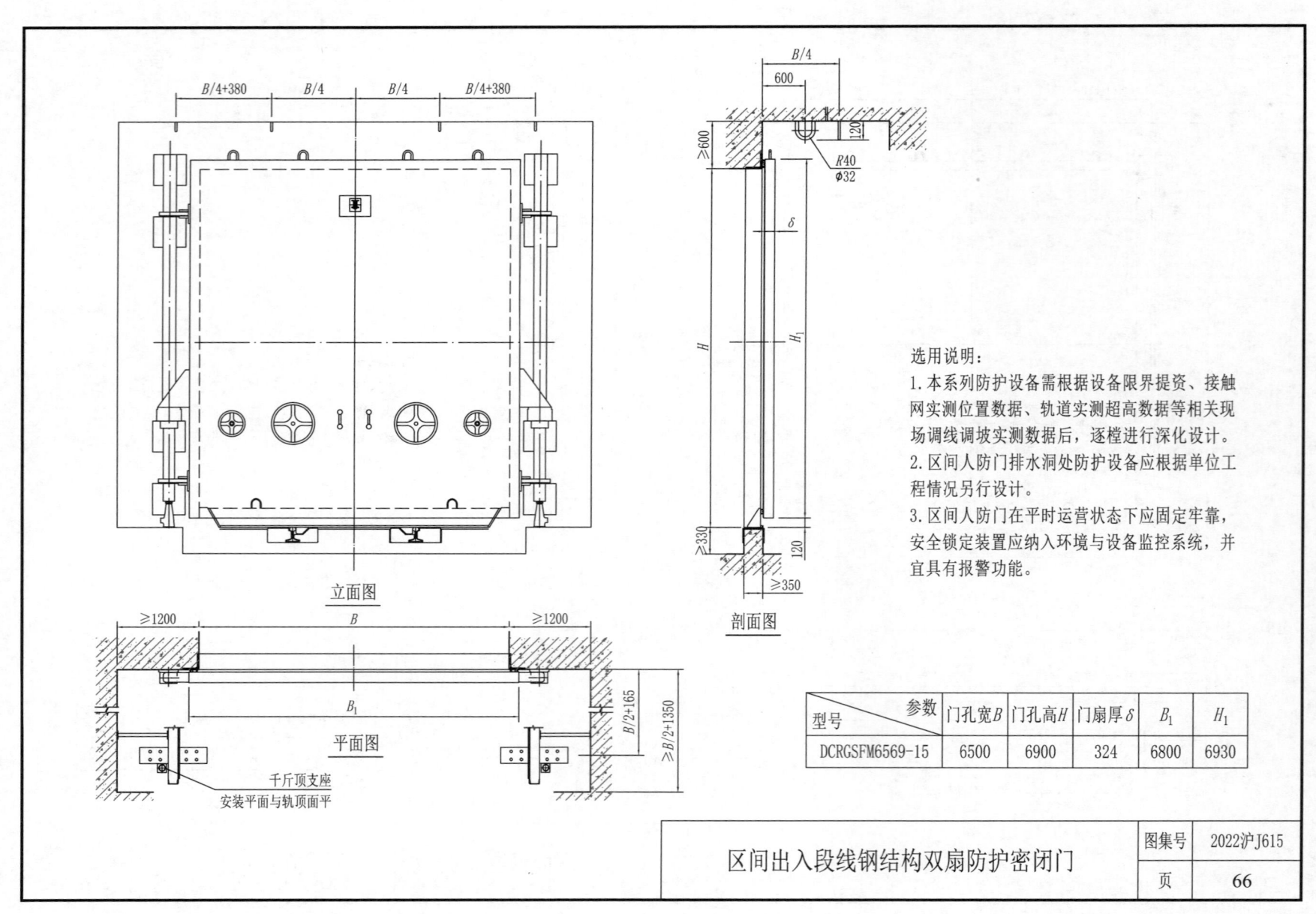

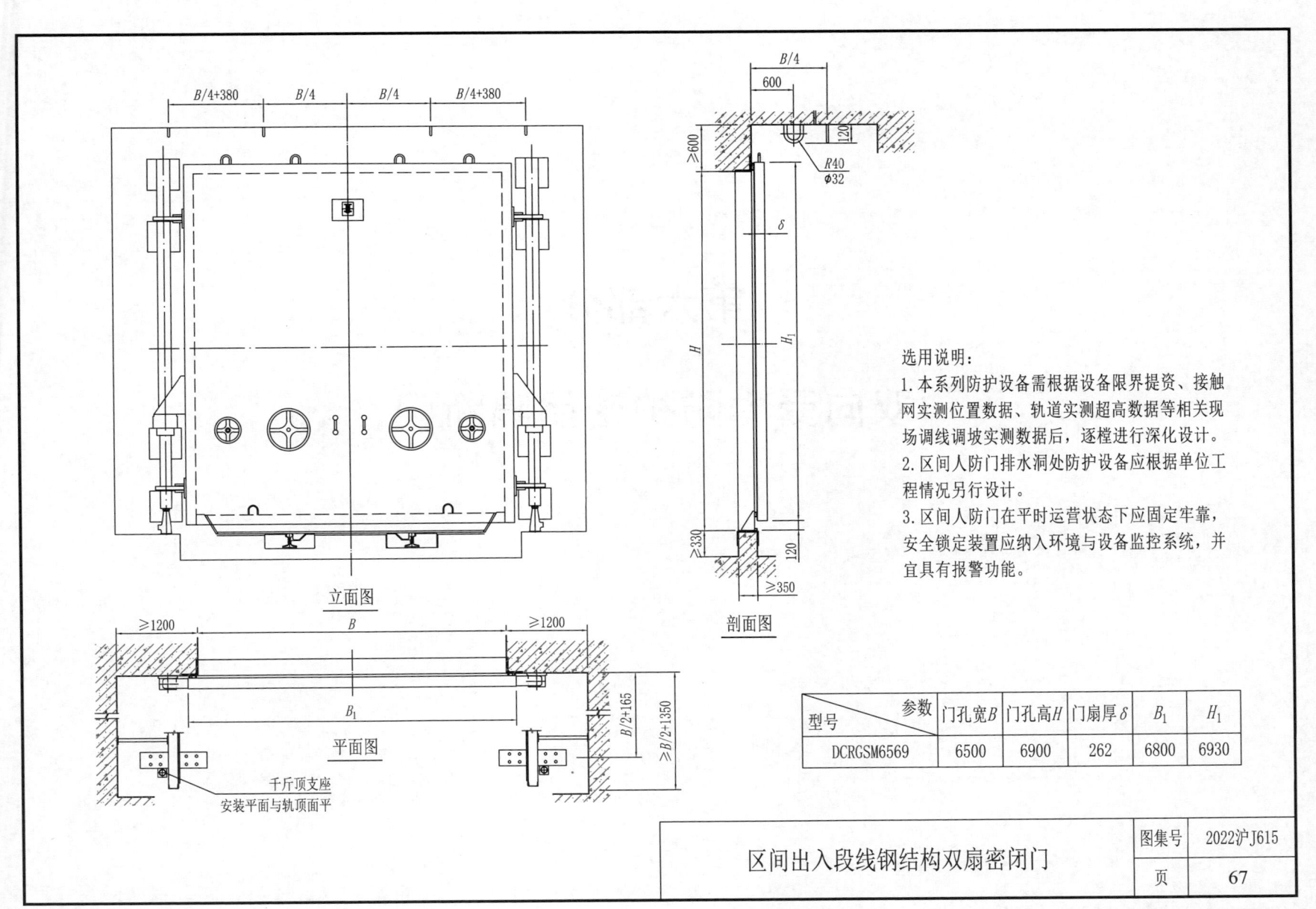

第六部分

双向受力防护密闭隔断门

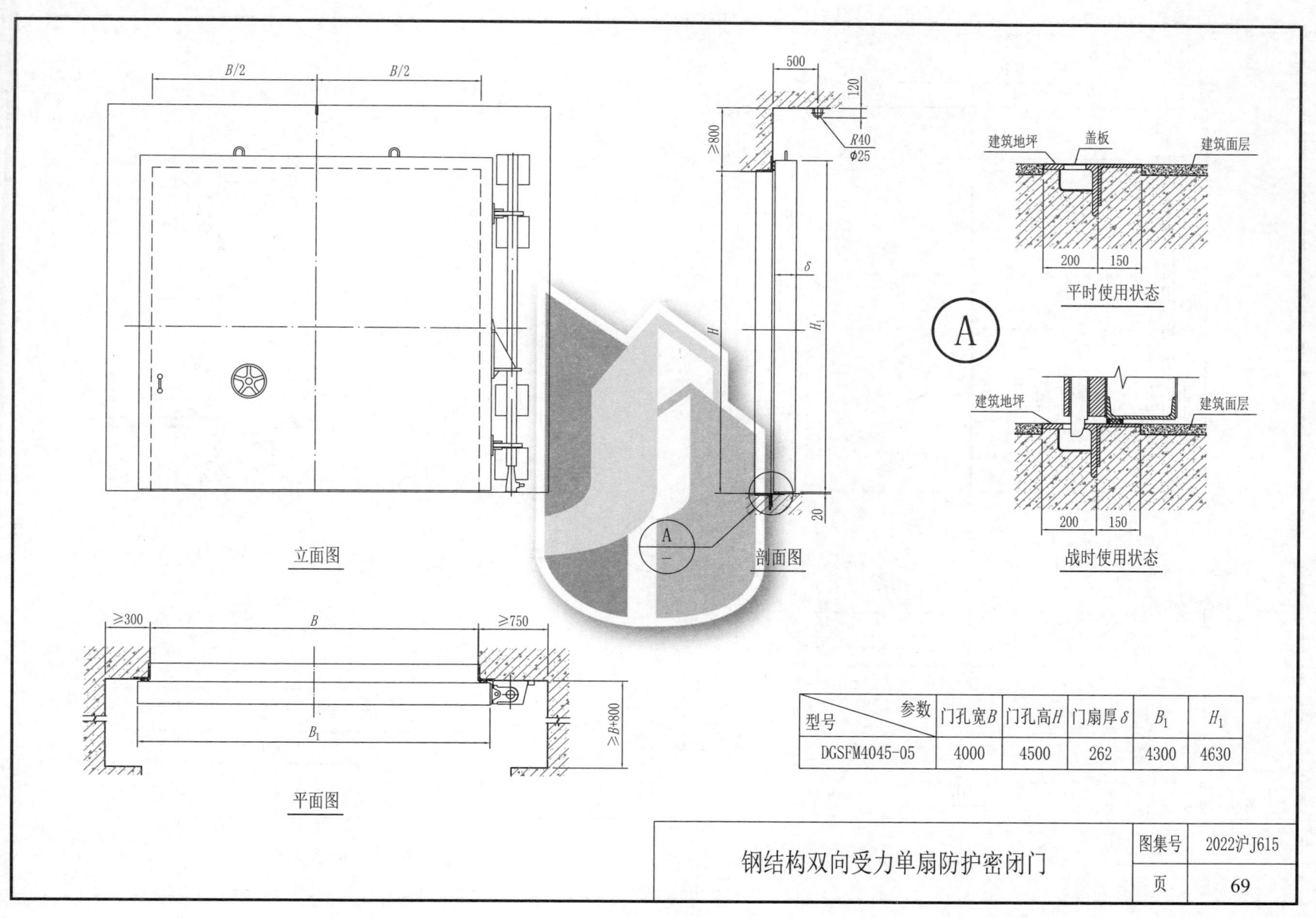

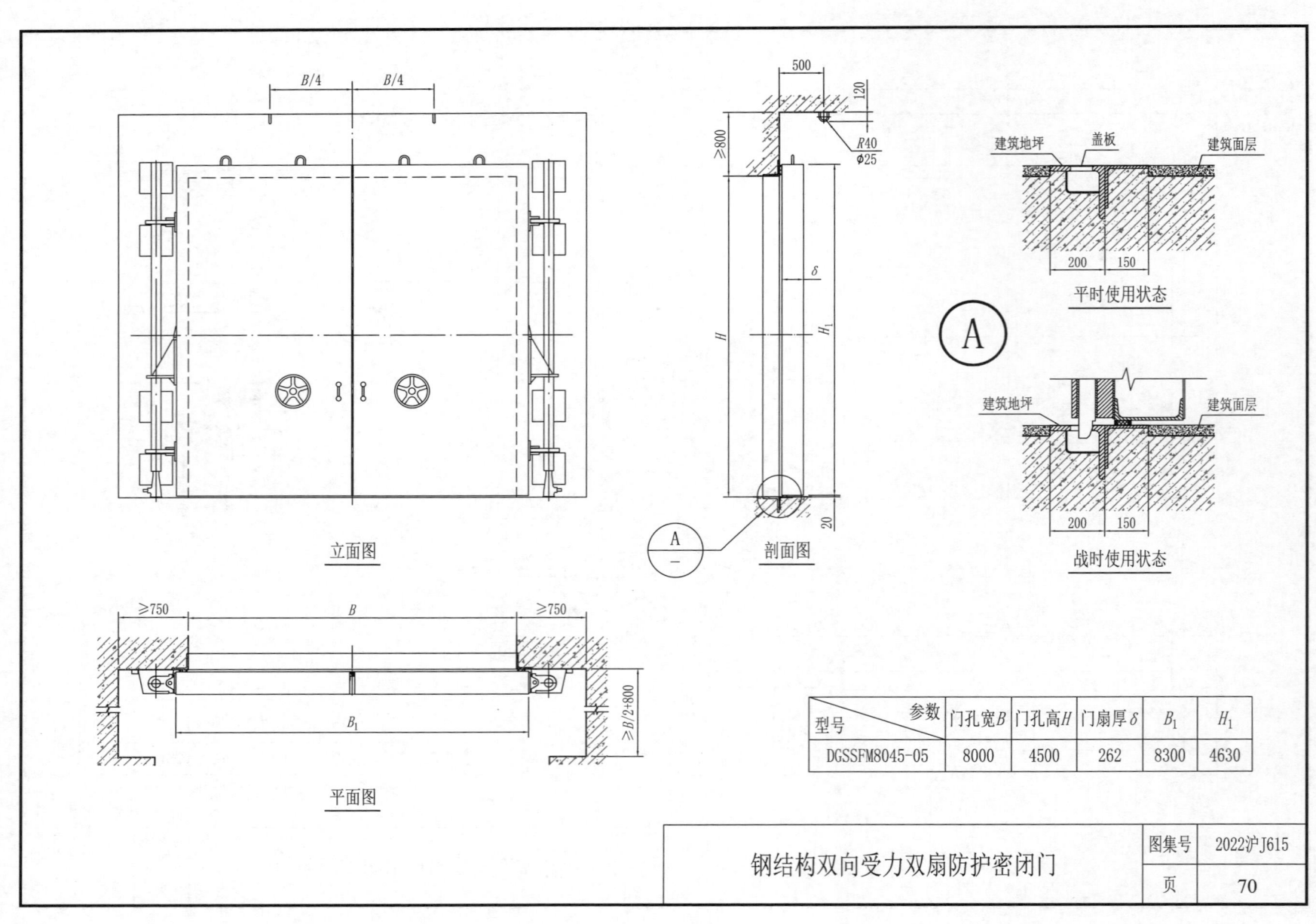

第七部分

防护密闭封堵板

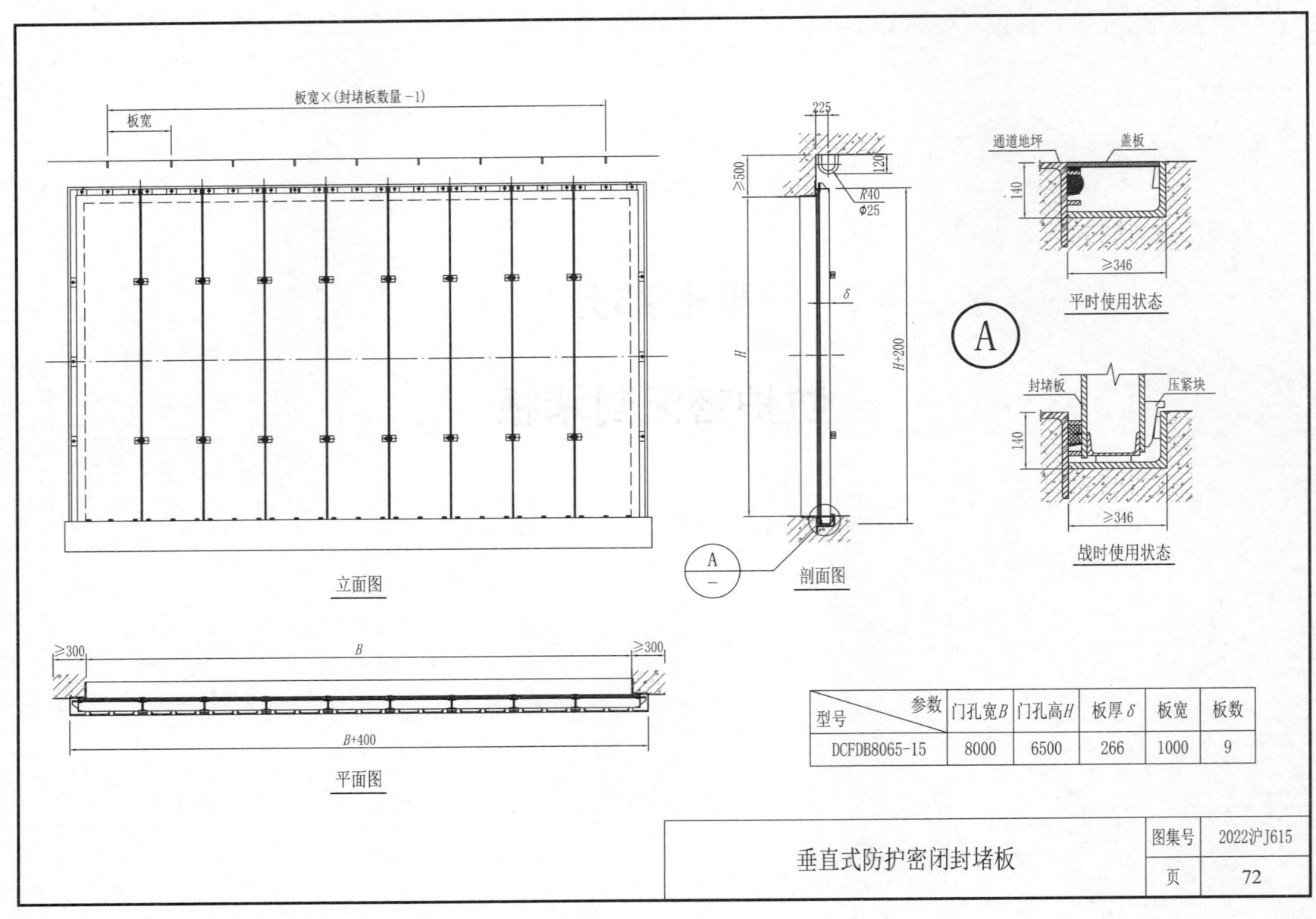

垂直式防护密闭封堵板

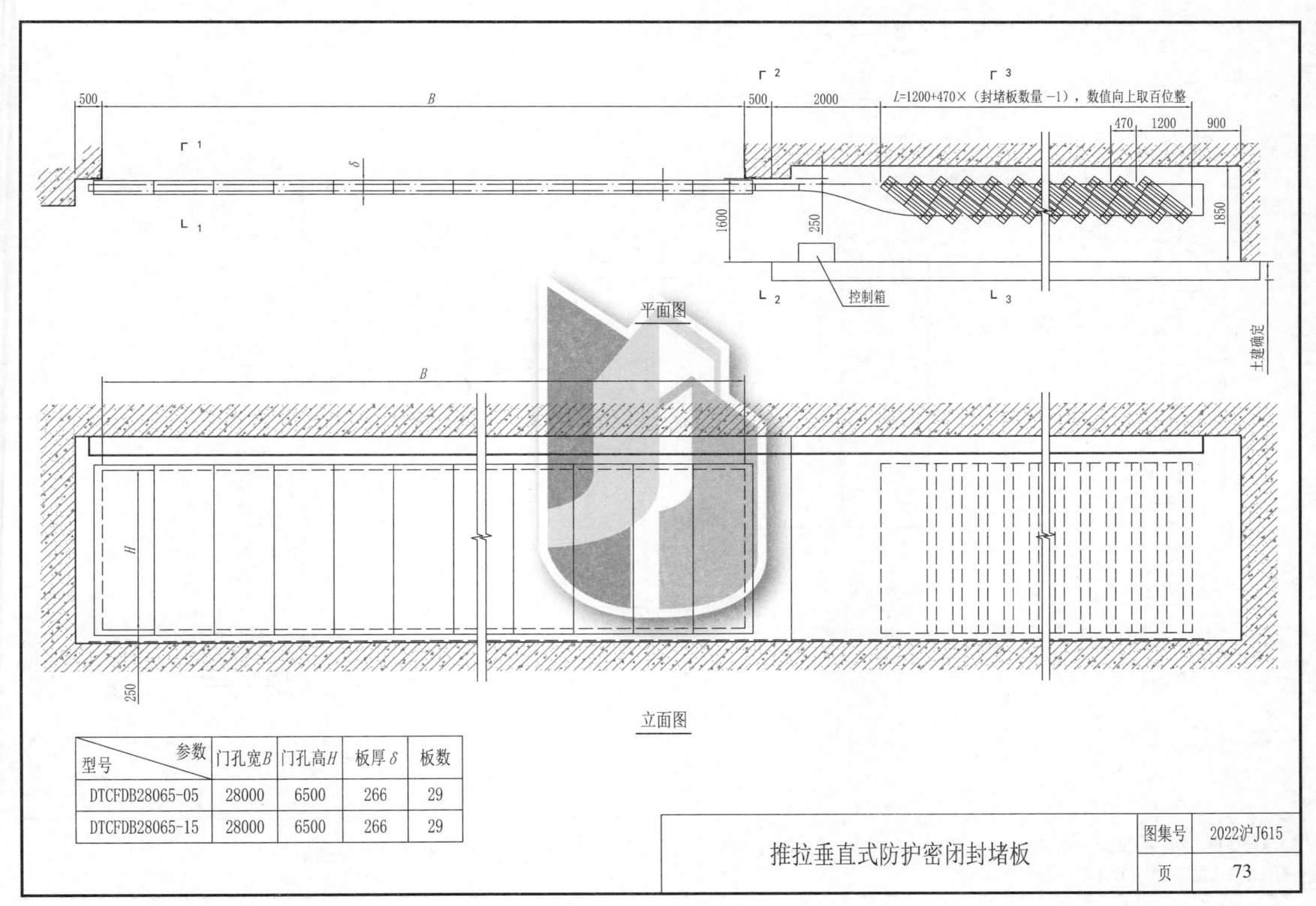

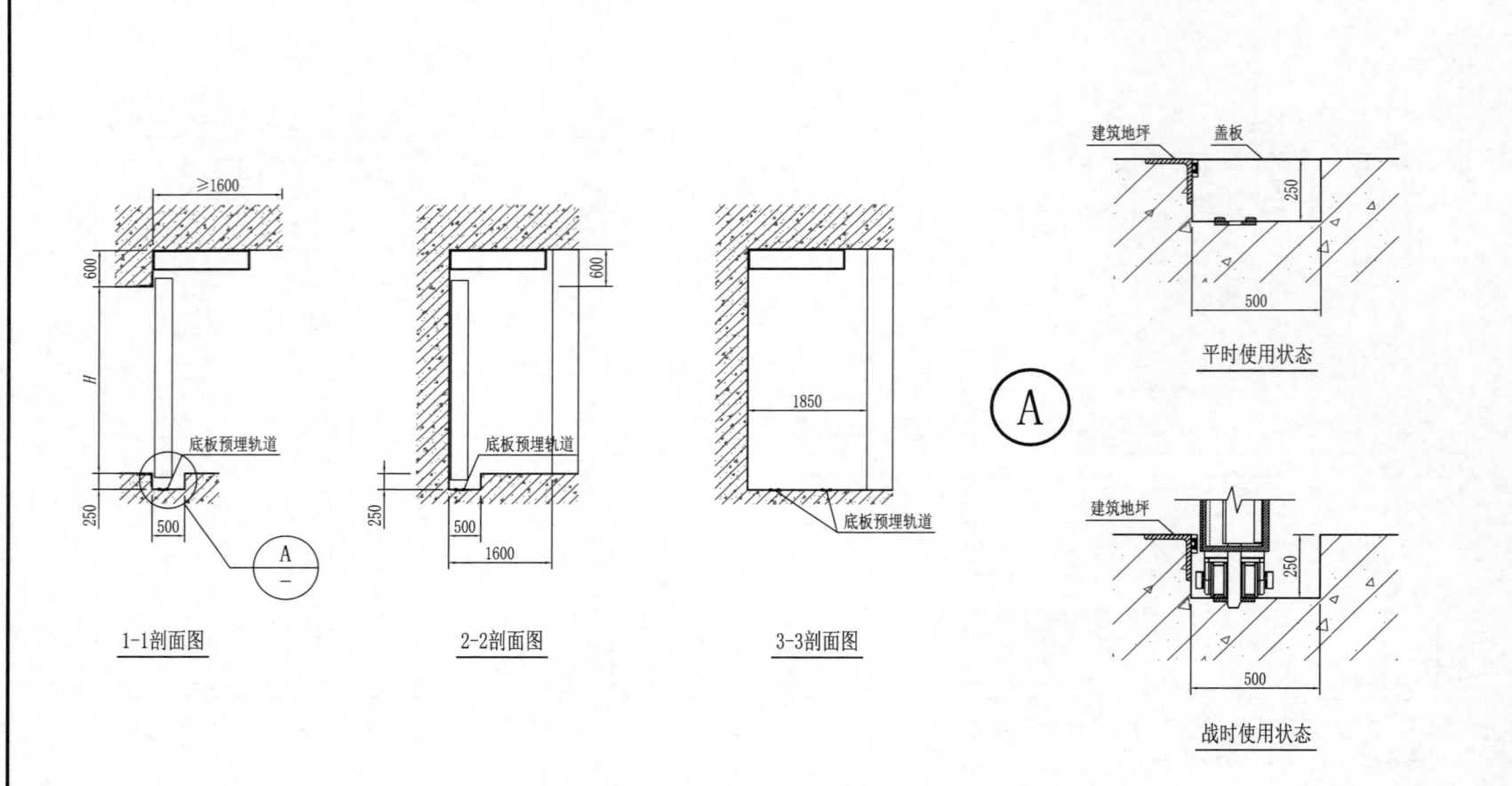

选用说明:
本系列防护设备可采用电动控制,控制箱可挂置于藏门空间内,其电动控制系统应根据单位工程情况另行设计。

推拉垂直式防护密闭封堵板

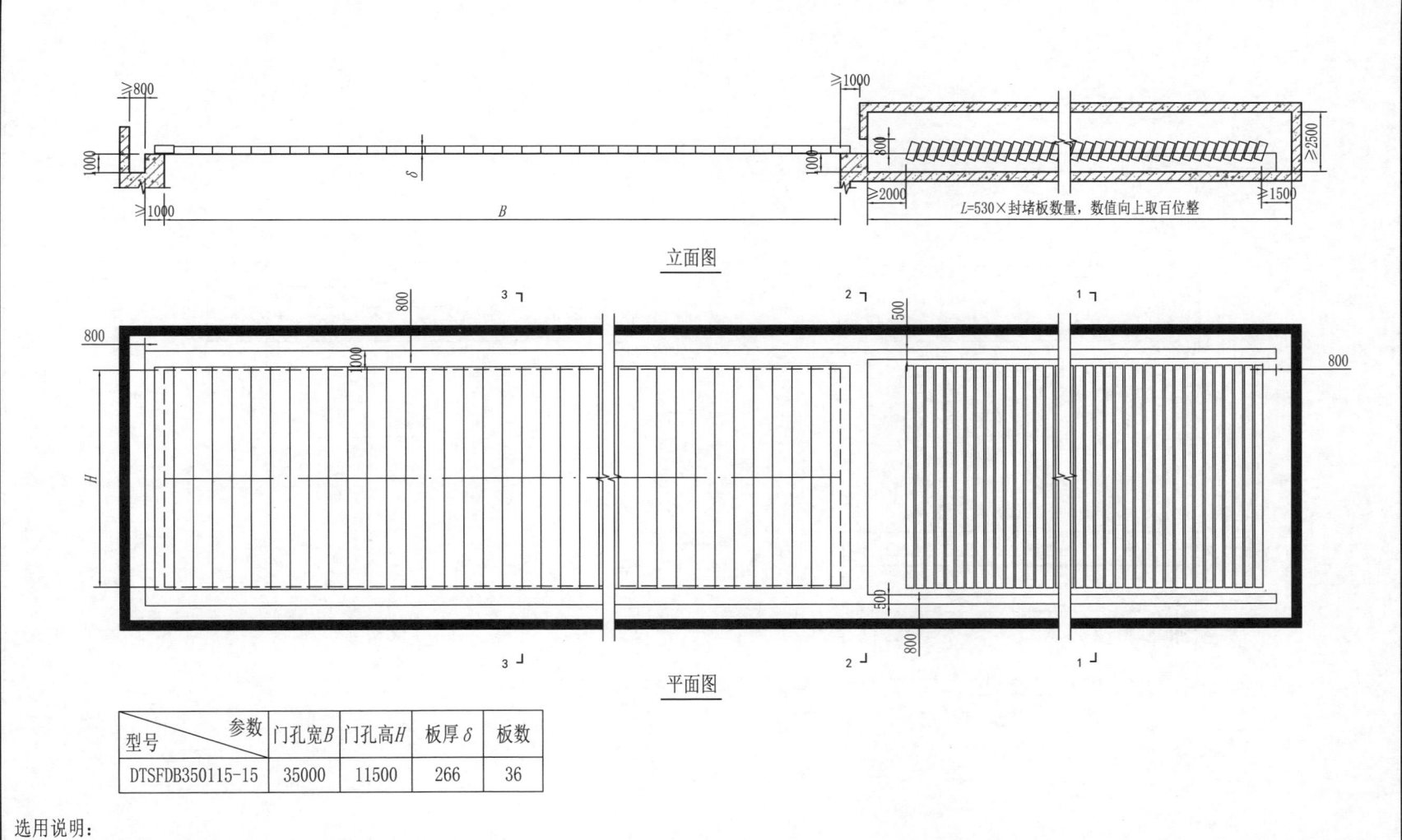

参数\n型号	门孔宽B	门孔高H	板厚δ	板数
DTSFDB350115-15	35000	11500	266	36

选用说明：
1. 水平封堵板上除等效静荷载外，允许承受的最大附加静荷载标准值为21kN/㎡。
2. 本系列防护设备可采用电动控制，控制箱应就近挂置于工程内，其电动控制系统应根据单位工程情况另行设计。

推拉水平式防护密闭封堵板

图集号 2022沪J615

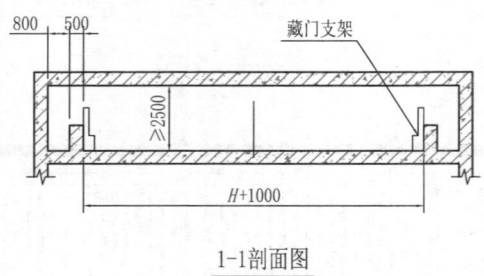

1-1剖面图

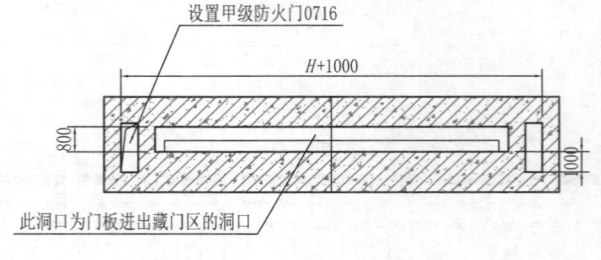

2-2剖面图

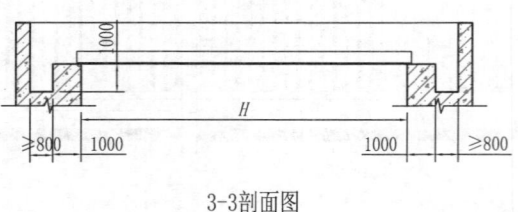

3-3剖面图

推拉水平式防护密闭封堵板

图集号 2022沪J615
页 76